Sekundarstufe

Holger Cebulla

Stationenlernen Die Hanse

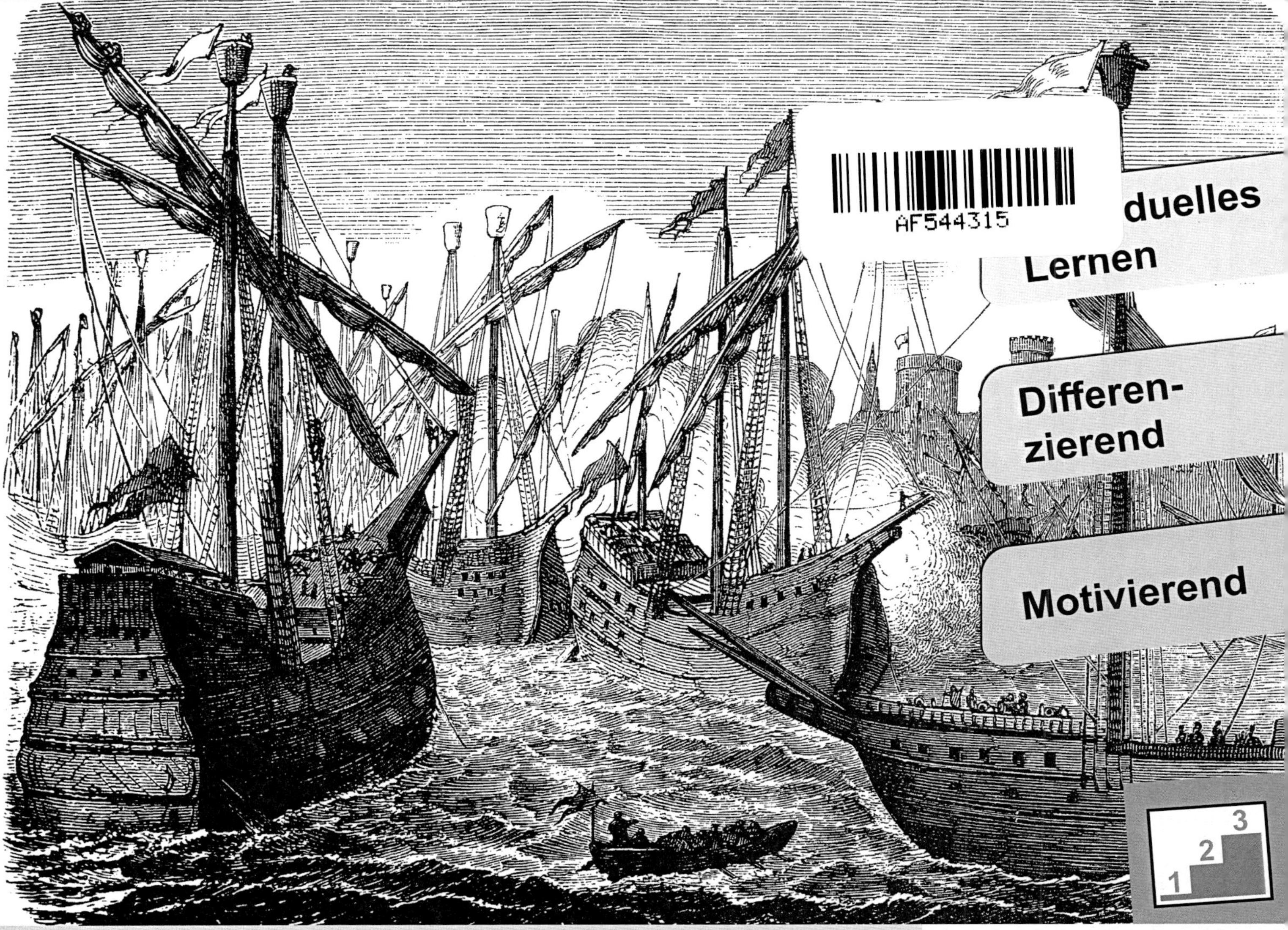

...duelles Lernen

Differen-zierend

Motivierend

1 2 3

- Übersichtliche Aufgabenkarten
- Schnelle Vorbereitung
- Mit Lösungen zur Selbstkontrolle

www.kohlverlag.de

Stationenlernen DIE HANSE
Sekundarstufe

1. Auflage 2023

Inhalt: Autorenteam Kohl-Verlag
Coverbild: © acrogame - AdobeStock.com
Redaktion: Kohl-Verlag
Grafik & Satz: Kohl-Verlag
Druck: Druckerei Flock, Köln

Bestell-Nr. 12 959

ISBN: 978-3-98558-341-6

Bildquellen:

AdobeStock.com:

S.2: Africa Studio; S. 11+12: Juulijs; S. 13+14: Speedfighter; S. 15+16: Ziegelbrenner; S. 21-24: Visions-AD; S. 41+42: holger.l.berlin; S. 45: ii-graphics; S. 47+48: ii-graphics; S. 59+60: F. J. Carneros, ontr4, Олег Резник, Alexstar, Andrey Burmakin; S. 61+62: ii-graphics; S. 66: Jan; S. 68: Wolfgang Jargstorff; S. 69+70: Gabriele Rohde; S. 71+72: awakened.soulart

Wikipedia.de:

S. 9+10; S. 17+18; S. 27+28; S. 29: Knud Knudsen; S. 30; S. 33+34; S. 36; S. 37+38; S. 49+50; S. 51; S. 52: Tiia Monto; S. 54: Dr. Minx; S. 55+56; S. 57+58; S. 61; S. 63+64; S.

Inhalt

KOHL VERLAG Lernen mit Erfolg
Stationenlernen DIE HANSE
Sekundarstufe – Bestell-Nr. 12 959

Übersicht

1. Handel und Seefahrt im Mittelalter

Stationsname	Niveau	Seite
Der Kaufmann in der mittelalterlichen Stadt	⊙	9
Märkte im Mittelalter	!	11
Reisen im Mittelalter – Gefahren auf den Handelsrouten	⊙	11
Gefahren durch Piraten	!	13
Zölle im Deutschen Reich	!	15

2. Die Anfänge der Hanse

Stationsname	Niveau	Seite
Gründung der Stadt Lübeck und die Gotlandfahrer	!	17
Exkurs: Freie Reichsstädte	✶	19
Die Handelswaren der Hanse	⊙	19
Der Handel in Nord- und Ostsee – Von London nach Nowgorod	⊙	21
Handelsgüter und -wege der Hanse	!	23

3. Die Blütezeit der Hanse

Stationsname	Niveau	Seite
Von der Kaufmannshanse zur Städtehanse	!	25
Hansestädte	⊙	25
Hansekontore	⊙	27
Alltag im Handelskontor	✶	29
Der Kaufmann – Vom reisenden Händler zum mächtigen Bürger	!	29
Handelsgesellschaften der hanseatischen Kaufleute	✶	31
Politischer Einfluss der Hanse im Ausland	!	33
Hansetage	✶	35
Die Kogge	!	37
Das Leben auf einer Kogge	⊙	39
Die Hanse und Klaus Störtebeker	!	41
Kriege der Hanse	⊙	43
Erster und Zweiter Waldemarkrieg 1361-1370	!	45
Dänisch-Hanseatischer Krieg 1426-1435	!	47

Übersicht

4. Der Niedergang der Hanse

Stationsname	Niveau	Seite
Wachsende Konkurrenz für die Hanse	!	49
Die Fugger	!	51
Gründe für den Zerfall der Hanse I	!	53
Gründe für den Zerfall der Hanse II	!	55
Exkurs: Dreißigjähriger Krieg	!	57
Erfindungen und Entdeckungen und die Folgen für die Hanse	⊙	59
Exkurs: Die Entdeckung Amerikas	!	61
Geschichtliche Bedeutung der Hanse	!	63

5. Spuren der Hanse

Stationsname	Niveau	Seite
Hansestädte heute – Hamburg	⊙	65
Hansestädte heute – Lübeck	⊙	67
Plattdeutsch als frühere Handelssprache der Hanse	!	69
Die Neue Hanse	⊙	71

Vorwort / Einsatz der Materialien

Liebe Kolleginnen und Kollegen,

die Hanse war im Mittelalter ein sehr bedeutsamer Bund hauptsächlich norddeutscher Kaufleute und Städte, die sich zusammengeschlossen hatten, um ihre Waren gemeinsam zu transportieren, was Sicherheit vor Überfällen durch Wegelagerer und Räuber bedeutete. In den Hansestädten legten die Kaufleute Zwischenstopps bei ihren Handelsreisen ein oder verkauften ihre Waren auf den hier existierenden Märkten. Die Hanse existierte vom 11. bis ins 17. Jahrhundert. Eindrucksvolle Bauwerke in den Hansestädten, meist aus rotem Backstein, erinnern noch heute an die Zeit der Hanse.

Erläutert werden die typischen Handelsgesellschaften der Hansekaufleute, die Ausweitung der Handelsrouten im 11. Jahrhundert nach Norwegen, Schweden, Russland und den baltischen Staaten, und wie die Hanse hier den Schutz vor Seeräubern übernahm. Es werden die Unterschiede zwischen der Kaufmannshanse und der Städtehanse, die um 1240 entstand, geschildert und wie bald reich gewordene Kaufleute in den Rat einer Stadt und in andere hohe Positionen aufstiegen. Hansetage, zu denen die Städte je einen Vertreter entsandten, dienten dazu, alle Fragen zu klären, die das Verhältnis der Kaufleute und Städte untereinander oder die Beziehungen zu den Handelspartnern im Ausland betrafen. Die Effizienz des hanseatischen Handels konnte durch neue Transportschiffe, Koggen genannt, weiter gesteigert werden. Es entstanden nun auch sogenannten „Hansekontore" in den Städten. Es waren einerseits Lager für Waren, die verkauft werden sollten, andererseits Unterkünfte für die Kaufleute, die diese Waren begleitet hatten. Die wichtigsten Handelswaren der Hanse waren u. a. der Stockfisch, Salz, Holz, Wolle und Getreide. Die Hanse war auch politisch sehr einflussreich und konnte so langfriste Handelsverträge und -privilegien erreichen. Sie führte aber auch Kriege, wenn Herrscher der Länder, mit denen die Hanse Handel betrieb, deren Privilegien nicht mehr anerkannten oder ignorierten. Die Blütezeit der Hanse reichte bis zum Anfang des 15. Jahrhundert, dann war das Wirtschaftsbündnis vom Niedergang betroffen. Bis dahin war die Hanse ein entscheidender Faktor für das Wirtschaftswachstum in Europa. 1980 wurde in Zwolle die Neue Hanse gegründet. Ihr Ziel ist neben der Förderung des Handels vor allem die Förderung des Tourismus. In einem Exkurs wird zum Schluss geschildert, wie die Bürger/innen in einer Stadt der Hanse lebten.

Nach dieser kurzen Einführung wünschen Ihnen viel Spaß beim Einsatz der Materialien das Team des Kohl-Verlags und

Holger Cebulla

Einsatz der Materialien

Sehr geehrte Kolleginnen und Kollegen,

dieses Werk zum Stationenlernen „Die Hanse“ soll Ihnen ein wenig Ihre alltägliche Arbeit erleichtern. Dabei war es uns besonders wichtig, Stationen zu kreieren, die möglichst schüler- und handlungsorientiert sind und mehrere Lerneingangskanäle ansprechen. Denn nur so kann das Wissen langfristig gespeichert und auch wieder abgerufen werden.

Die Reihenfolge der Stationen orientiert sich in der Regel am geschichtlichen Ablauf. So können sich die Schüler eine zeitliche Abfolge der Ereignisse und Entwicklungen verdeutlichen und in ihrem individuellen Arbeits- und Lerntempo die einzelnen Stationen bearbeiten. Durch den individuell ausfüllbaren Laufzettel wird bei dieser sehr differenzierten Arbeitsform stets der Überblick gewahrt. Die Materialien eignen sich auch hervorragend für die Selbstlernzeit oder als Ausgangspunkt für Gruppendiskussionen.

Einsatz der Materialien

Der Band ist in acht Bereiche aufgeteilt:

- Handel und Seefahrt im Mittelalter
- Die Anfänge der Hanse
- Die Blütezeit der Hanse
- Der Niedergang der Hanse
- Spuren der Hanse

Stationen:

Die Stationskarten enthalten bewusst keine Nummerierung, um einen flexiblen Einsatz zu gewährleisten. Um jedoch eine gewisse chronologische Reihenfolge beizubehalten, bietet es sich an, die fünf Themenbereiche den SchülerInnen nacheinander anzubieten. Innerhalb des Themenbereichs kann dann jeder selbst entscheiden, welche Stationen er bearbeiten möchte. Nach Belieben können Sie die Stationen auch nummerieren, um den Schülern die Zuordnung zu erleichtern. Die Stationen können in Einzel-, Partner- oder Kleingruppenarbeit erarbeitet werden, je nach Vorliebe der Lehrperson bzw. der Klasse.

Differenzierung der Aufgaben:

Innerhalb der Bereiche gibt es drei Schwierigkeitsstufen zur Differenzierung.

⊙ = grundlegendes Niveau

! = mittleres Niveau

✶ = erweitertes Niveau

- Die Aufgaben zum *grundlegenden Niveau* sollten von allen Schülern bearbeitet werden.
- Aufgaben mit *mittlerem Niveau* bieten Erweiterungen und höhere Anforderungen als das grundlegende Niveau.
- Die Aufgaben des *erweiterten Niveaus* sind sogenannte Expertenaufgaben und enthalten vertiefende oder weiterführende Inhalte.

Hier handelt es sich ausnahmslos um Vorschläge. Je nach Leistungsstand können Sie jedoch problemlos Stationen anders kennzeichnen.

Lösungen:

Wer die Aufgaben der Schüler korrigiert, hängt zum einen von der Lerngruppe und zum anderen von den Vorlieben des unterrichtenden Lehrers ab. So kann dieser die Verbesserung der Schüleraufgaben selbst übernehmen oder diese Aufgabe in die Verantwortung der Schüler übergeben. In diesem Fall haben Sie die Möglichkeit, die Karten einfach auszuschneiden und zu laminieren. Die passende Lösung befindet sich dann direkt auf der Rückseite der Aufgabe. Das fördert die einfache Selbstkontrolle. Alternativ können Sie die Seiten jedoch auch kopieren und die Lösungen, für die Schüler erkenntlich markiert, an einem anderen Ort positionieren. Die Lösungsvorschläge beinhalten keine „Abhak-Lösungen". Sie bieten zusätzliche Informationen, die vor allem für die interessierteren Schüler interessant sein könnten.

Symbole: ⊙ Grundlegendes Niveau  Mittleres Niveau ✶ Erweitertes Niveau

Stationenlernen DIE HANSE
Sekundarstufe – Bestell-Nr. 12 959
KOHL VERLAG

Name: ______________________________ Datum: ________________

Stationen-Laufzettel

⊙ **Grundlegendes Niveau**

Station	Stationsname	erledigt	korrigiert

! Mittleres Niveau

Station	Stationsname	erledigt	korrigiert

✶ Erweitertes Niveau

Station	Stationsname	erledigt	korrigiert

KOHL VERLAG Stationenlernen DIE HANSE
Sekundarstufe – Bestell-Nr. 12 959

Der Kaufmann in der mittelalterlichen Stadt

Kaufmänner trieben Handel über Grenzen hinweg, sei es zu Land oder zu Wasser. Sie zogen von Ort zu Ort und schlossen Kaufgeschäfte ab, holten und brachten Handelswaren, zahlten Abgaben an gewissen Stellen des Landes bei Brücken, Zollstätten usw. Das Reisen war somit ein Hauptbestandteil der Arbeit eines Kaufmanns. Gleichzeitig war das Reisen auch gefährlich, denn überall lauerte die Gefahr, überfallen zu werden.

In den Städten waren die Kaufleute am angesehensten, denn mit dem Handel von Produkten konnten die höchsten Gewinne erzielt werden, sodass sie häufig über recht beträchtliche Vermögen verfügten. Handwerker waren ebenfalls angesehene Bürger. Typische Gewerbe waren Schmiede, Töpfer, Bronzegießer, Tischler, Baumeister, Kürschner, Textilhersteller. Sie konnten ebenfalls zu einigem Wohlstand kommen. Es gab aber auch viele Tagelöhner, die von Gelegenheitsjobs lebten. Sie waren meist sehr arm. Ganz unten in der Hierarchie standen die Bettler.

Kaufmann in Nürnberg, 1440

Kaufleute waren wie Handwerker in Gilden und Zünften organisiert. Diese Vereinigungen legten die Qualität der Waren und deren Preise fest und überwachten auch, dass die Zunftmitglieder sich daran hielten. Sie regelten die Ausbildung in den Berufen und übten in allen Zunftangelegenheiten eine eigene Gerichtsbarkeit aus. Darüber hinaus waren sie eine Absicherung bei wirtschaftlicher und sozialer Not, z. B. wurden Kranke und Witwen aus der Zunftkasse, in die alle einzahlen mussten, unterstützt. Verstöße gegen Zunftregeln wurden mit Bußgeldzahlungen oder sogar dem Ausschluss des Mitglieds aus der Zunft geahndet. Die verschiedenen Betriebe, die den Zünften angehörten, prägten das mittelalterliche Stadtbild.

Familien aus der unteren Schicht lebten in ganz einfachen Verhältnissen. So wohnten in den Häusern alle in einem Raum, in dem auch eine offene Feuerstelle war. Im Obergeschoss befanden sich Kammern für Tagelöhner und im Untergeschoss Stallungen oder Warenlagerplätze. Reiche Kaufleute wohnten dagegen mit ihrer Familie in einem Haus alleine. Dieses besaß mehrere Stuben, mit einem Kachelofen beheizbar, und eine separate Küche. Ihre Waren lagerten sie im Untergeschoss oder den Nebengebäuden, in denen auch ihr Dienstpersonal wohnte.

Aufgabe: *Stell dir vor, du lebtest im Mittelalter. Wärst du gern ein Kaufmann? Begründe deine Meinung.*

KOHL VERLAG
Stationenlernen DIE HANSE
Sekundarstufe – Bestell-Nr. 12 959

Der Kaufmann in der mittelalterlichen Stadt

Aufgabe: Individuelle Lösungen

Kaufmann in Nürnberg, 1440

Handel und Seefahrt im Mittelalter

Märkte im Mittelalter !

An festgelegten Tagen boten die in der Stadt ansässigen Kaufleute und reisende Händler aus anderen Städten auf dem Markt ihre Waren an. Um einen ungestörten und sicheren Ablauf des Handels auf dem Markt zu gewährleisten, galt für diesen eine eigene Rechtsordnung mit der Bezeichnung Marktfrieden. In dieser war z. B. festgelegt, wie hoch der Marktzoll war und welche Münzen akzeptiert wurden. Ein eigenes Marktgericht verfolgte Handelsstreitigkeiten. Der Markt war aber nicht nur Umschlagsplatz für Waren, sondern auch für Neuigkeiten. So waren die Markttage bei den Einwohnern sehr beliebt als Treffpunkt und Kommunikationsort.

Aufgabe: *Auch heute gibt es noch sogenannte Präsenzmärkte wie z. B. Bauernmärkte oder Flohmärkte. Welche Unterschiede und welche Gemeinsamkeiten kannst du im Vergleich zum mittelalterlichen Markt erkennen?*

Handel und Seefahrt im Mittelalter

Reisen im Mittelalter – Gefahren auf den Handelsrouten

Im Mittelalter war das Reisen etwas ganz anderes als heute: Die Strecken waren lang und man brauchte viel länger. Auch die Wege waren schlecht ausgebaut. Mehrere Tage war ein Kaufmann für eine Reise unterwegs. Aber nicht nur die langsamen Verkehrsmittel und die schlechte Infrastruktur machte eine Reise mühsam. Handelsreisen waren damals nämlich risikoreiche Unterfangen, denn außerhalb der Städte lauerten Räuber, die darauf warteten, Beute zu machen. Vor allem auf den Meeresrouten in Nord- und Ostsee machten Seeräuber den Händlern immer wieder das Leben schwer. Dies war der Grund, warum sich Kaufleute immer häufiger zusammenschlossen und gemeinsame Transporte in der sogenannten Hanse organisierten.

Aufgabe: *Warum schlossen sich Kaufleute zunehmend zusammen?*

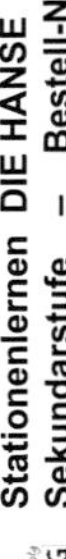

Märkte im Mittelalter

Lösungen

Aufgabe: Auch heute ist ein Markt ein Ort, an dem Waren angeboten werden. Wer schon mal an einem Flohmarkt teilgenommen hat, weiß, dass es oft eine Marktordnung gibt. In dieser ist z. B. festgelegt, ab wann die Stände aufgebaut werden dürfen, was verkauft werden darf, usw. Gleich ist auch heute noch, dass eine Standgebühr verlangt wird. Im Unterschied zu damals muss aber beispielsweise nicht festgelegt werden, welche Münzen akzeptiert werden. Heutzutage haben wir nämlich eine Währung im Gegensatz zu damals, als Deutschland aus vielen kleinen Ländereien mit jeweils eigenen Münzen bestand. Für einige ist der Markt zwar immer noch ein Treffpunkt.
Die meisten kommunizieren heutzutage aber eher über das Telefon bzw. digitale Medien.

Reisen im Mittelalter – Gefahren auf den Handelsrouten

Handel und Seefahrt im Mittelalter

Lösungen

Aufgabe: Wegelagerer und Seeräuber überfielen die Warentransporte zu Lande und zu Wasser, so dass die Kaufleute Verluste erlitten. Kaufleute der Hanse organisierten daher gemeinsame Transporte oder Schiffsüberfahrten, denn so hatten die Händler bessere Chancen, ihre Waren sicher zu transportieren. Da diese Konvois sehr erfolgreich waren, schlossen sich ihnen immer mehr Händler an, so entstand ein großes Händlernetzwerk.

KOHL VERLAG Stationenlernen DIE HANSE Sekundarstufe – Bestell-Nr. 12 959

Gefahren durch Piraten

!

Piraten sind „Seeräuber außerhalb aller Gesetze". Sie überfallen Schiffe auf dem Meer, rauben deren Handelsgüter und töten dabei auch ggfs. die Seeleute. Ihre Stützpunkte waren bevorzugt Inseln oder abgelegene Küstenstellen.

Das typische Symbol für Piraten. Diese Totenkopfflagge wurde vermutlich zum ersten Mal im 18. Jahrhundert gehisst.

Der Alltag der Piraten auf dem Schiff bestand meist aus harter Arbeit. Das Schiff musste auf Kurs gehalten und die Segel gesetzt werden, die Takelage war in Ordnung zu halten, das Deck zu schrubben, anstehende Reparaturen waren zu bewerkstelligen. Auch musste für Proviant, die Verpflegung und Waffen und Munition an Bord gesorgt werden. Zum Alltag gehörte natürlich auch, dass immer wieder Gefechte mit anderen Schiffen geführt und diese geplündert wurden.

Die Besatzung eines Piratenschiffes setze sich aus unterschiedlichen sozialen Schichten und Nationalitäten zusammen. Einige Piraten waren Diebe, andere ehrliche Matrosen, wieder andere Deserteure und Meuterer. Seeleute gekaperter Schiffe schlossen sich oft freiwillig den Piraten an. Auch Sklaven, Arbeitslose und verarmte Adlige gehörten zur Besatzung. Und auch einige wenige Frauen versuchten sich als Piratinnen.

Wurden zwischen einzelnen Ländern Kriege geführt, bekamen Piratenschiffe häufig von den Herrschern einen „Kaperbrief" zuerkannt, was bedeutete, sie durften dann mit offizieller Genehmigung Schiffe der Kriegsgegner überfallen. Der Herrscher gewann so ein Kriegsschiff dazu und bekam einen festgelegten Anteil der Beute.

Nicht immer hielten sich die Seeräuber an diese Abmachungen, so dass sie oft – auch in Friedenszeiten – Schiffe jeder Nationalität überfielen: Dann hießen sie Freibeuter.

Aufgabe 1: *Richtig oder falsch? Kreuze an und korrigiere.*

	Richtig	Falsch
a) Piraten halten sich bei ihren Beutezügen an keinerlei Gesetze.		
b) Bereits im Mittelalter war der Totenkopf ein typisches Symbol von Piraten.		
c) Der Alltag auf den Piratenschiffen bestand für die Besatzung aus harter Arbeit.		
d) Die Besatzungen der Piratenschiffe kamen aus den unterschiedlichsten sozialen Schichten.		
e) Neben Dieben, ehrlichen Matrosen und verarmten Adligen gab es auf den Piratenschiffen auch Seeleute gekaperter Schiffe.		

Aufgabe 2: *Erläutere den Unterschied zwischen Piraten und Freibeutern.*

Aufgabe 3: *Welche berühmten Piraten kennst du? Schaue ggfs. auch im Netz nach.*

Stationenlernen DIE HANSE
Sekundarstufe – Bestell-Nr. 12 959

Gefahren durch Piraten

Lösungen

Aufgabe 1:

	Richtig	Falsch
a) Piraten halten sich bei ihren Beutezügen an keinerlei Gesetze.	X	
b) Bereits im Mittelalter war der Totenkopf ein typisches Symbol von Piraten.		X
c) Der Alltag auf den Piratenschiffen bestand für die Besatzung aus harter Arbeit.	X	
d) Die Besatzungen der Piratenschiffe kamen aus den unterschiedlichsten sozialen Schichten.	X	
e) Neben Dieben, ehrlichen Matrosen und verarmten Adligen gab es auf den Piratenschiffen auch Seeleute gekaperter Schiffe.	X	

Aufgabe 2: Piraten überfielen Schiffe jeder Nationalität, vor allem die von Kaufleuten, um Beute zu machen. Bekamen sie von einem König oder Herzog einen Kaperbrief, durften sie mit seiner Billigung Schiffe von Kriegsgegnern überfallen und ausrauben. Allerdings mussten sie dann die Beute mit ihm teilen. Wenn sie sich nicht an diese Abmachung hielten und auch Schiffe von Nichtkriegsgegnern überfielen, bezeichnete man sie als Freibeuter.

Aufgabe 3: Individuelle Lösungen

Zölle im Deutschen Reich

!

In vielen Ländern bezahlen wir auf den Autobahnen eine Mautgebühr. Im Mittelalter war das ähnlich: Damit man Straßen und Wasserwege nutzen durfte, musste man eine Gebühr bezahlen – der sogenannte Zoll. Wenn Händler also ihre Waren von A nach B transportieren wollten, mussten sie mit einer Reihe von Gebühren rechnen. Außerdem war das Deutsche Reich damals ein Flickenteppich vieler Fürsten- und Herzogtümer, in denen unterschiedliche Vorschriften für den Warenhandel galten, z. B. wurden Zölle erhoben, wechselte man von einem Fürstentum in ein anderes. Die Hanse setze sich dafür ein, diese Zölle abzuschaffen und einheitliche Vorschriften zu etablieren.

Aufgabe 1: *Was gehört zusammen?*

Pflasterzoll	Diese Gebühr musste ein Reisender bezahlen, wenn er eine Brücke passieren wollte.
Fährgeld	Diesen Zoll musste man entrichten bei der Einfahrt in eine Stadt.
Torgeld	Beim Überschiffen eines Flusses mussten Reisende diese Gebühr bezahlen.
Brückenzoll	Diese Abgabe wurde für die Benutzung von gepflasterten Straßen erhoben.

Aufgabe 2: *Hier siehst du einen Kartenausschnitt aus dem Jahre 1400. Suche die beiden Städte Bremen und Berlin.*

Wieviele Landesgrenzen musste ein Kaufmann damals passieren, um von einer in die andere Stadt zu kommen?

Stationenlernen DIE HANSE
Sekundarstufe – Bestell-Nr. 12 959
KOHL VERLAG

Zölle im Deutschen Reich

Lösungen

Aufgabe 1:

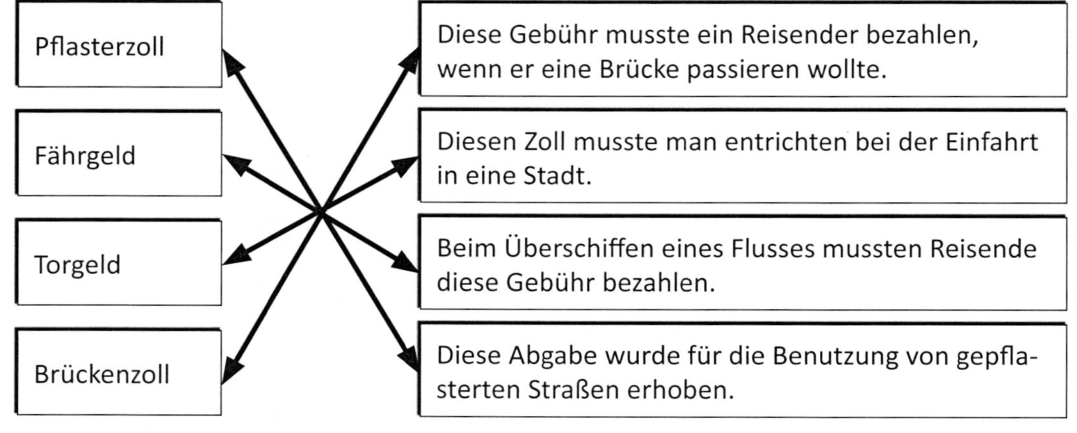

Aufgabe 2: Ein Kaufmann, der von Bremen nach Berlin wollte, musste bis zu 7 Landesgrenzen passieren.

Gründung der Stadt Lübeck und die Gotlandfahrer

!

Weil die Hanse nie offiziell als Verbund gegründet wurde, gibt es auch kein Gründungsjahr. Auch wenn sich seefahrende Händler bereits vorher für gemeinsame Fahrten zusammengeschlossen und vereinzelt Handelsniederlassungen im Ausland hatten, spielt die Stadtgründung Lübecks eine zentrale Rolle in der Entwicklung der Hanse. Denn erst mit der Hanse wurde der Handel halbwegs sicher.

Als die Stadt im Jahre 1143 gegründet war, zog sie Kaufleute von nah und fern an. Denn der Standort war für die Händler außerordentlich geschickt: Nicht weit von Hamburg und der Nordsee sowie direkt an der Ostsee mit Zugang zum Osthandel.

Die Keimzelle der Hanse war dann schließlich die Gemeinschaft der deutschen Gotlandfahrer. Sie war ein Zusammenschluss einzelner Kaufleute norddeutscher Herkunft. Nach der Gründung der Stadt Lübeck wurde Visby auf Gotland zu einem wichtigen Stützpunkt der Lübecker Kaufleute.

Im Jahre 1226 erlangte die Stadt Lübeck sogar Reichsfreiheit. Die bedeutete, dass sie keiner anderen Herrschaft unterstand, sondern direkt dem Kaiser untergeben war.

Aufgabe 1: *Warum war die Lage der Stadt Lübeck aus handelspolitischer Sicht ideal?*

Aufgabe 2: *Das Stadtsiegel von Lübeck spiegelt die Idee der Hanse wieder. Was könnten sich die beiden Kaufleute gegenseitig sagen?*

Gründung der Stadt Lübeck und die Gotlandfahrer

Lösungen

Aufgabe 1: Lübeck liegt direkt an der Ostsee und nicht weit entfernt von der Nordsee. So hatte man über Hamburg Zugang nach London und gleichzeitig zum begehrten Osthandel mit Russland.

Aufgabe 2: Die beiden Kaufleute könnten sich gegenseitig Beistand zum Schutz der Waren und des Lebens schwören.

Die Anfänge der Hanse

Exkurs: Freie Reichsstädte

Die Stadt unterschied sich von ihrem Umland vor allem dadurch, dass sie von Befestigungsmauern, Wällen bzw. Wassergräben umgeben war, die Feinde daran hindern sollten, sie anzugreifen. Für ihre Bewohner bot eine Stadt so Sicherheit und Schutz, nicht nur für die eigene Unversehrtheit, sondern auch den eigenen Besitz.

Etliche Hansestädte waren freie Reichsstädte. Das bedeutete, sie unterstanden unmittelbar dem Kaiser bzw. König und gehörten so nicht zu einem Fürstentum. Sie durften ihren Bürgermeister und Stadtrat selbst bestimmen. Sie besaßen auf ihrem Gebiet die Landeshoheit und hatten Sitz und Stimme auf den Reichs- und Kreistagen. Sie mussten dem Kaiser bzw. König Abgaben entrichten, nicht aber dem Landesfürsten. Freie Städte besaßen eine eigene Gerichtshoheit und das Recht, eigene Münzen zu prägen. Sie konnten auch eigenständig Bündnisse mit anderen Städten und Ländern eingehen.

Aufgabe 1: *Nenne die Vorteile, die Menschen im Mittelalter hatten, welche in einer Stadt lebten.*

Aufgabe 2:
a) *Welche Privilegien besaßen die Bewohner einer freien Reichsstadt?*
b) *Welche Vorteile hatte ein Kaufmann, der seine Geschäfte in einer der freien Hansestädte betrieb?*

Die Anfänge der Hanse

Die Handelswaren der Hanse

Aufgabe: *Finde in dem Wörtergitter die zwölf versteckten Begriffe.*

S	F	Z	G	B	H	U	J	M	D	E	R	F
D	F	S	E	D	C	V	B	B	U	Z	G	R
K	A	S	T	O	C	K	F	I	S	C	H	Y
Y	X	D	R	K	L	P	E	E	D	C	Q	E
N	C	R	E	I	J	K	A	R	W	E	C	G
Z	H	X	I	W	S	D	R	G	Z	P	B	C
G	O	L	D	Y	D	Z	U	C	K	E	R	G
H	L	S	E	Q	A	S	D	R	G	L	H	T
B	Z	E	C	T	B	U	S	A	L	Z	N	W
P	L	M	W	E	I	N	C	D	E	E	G	F
J	H	Z	O	A	S	D	F	G	H	J	K	L
T	R	E	L	H	G	R	E	T	U	C	H	E
Y	F	E	L	L	E	Z	T	G	B	N	J	R
R	E	W	E	V	G	H	U	K	F	W	R	F

KOHL VERLAG
Stationenlernen DIE HANSE
Sekundarstufe – Bestell-Nr. 12 959

Exkurs: Freie Reichsstädte

Lösungen

Aufgabe 1: Da die Stadt von Befestigungsmauern, Wällen bzw. Wassergräben umgeben war, die Feinde daran hinderten, sie anzugreifen, bot sie ihren Bewohnern Schutz und Sicherheit, sowohl für das eigene Leben als auch für ihr Hab und Gut.

Aufgabe 2: **a)** Sie bestimmten ihren Bürgermeister und Stadtrat selbst. Sie mussten nur an den Kaiser bzw. König Abgaben entrichten, nicht auch noch solche an die Landesfürsten. Es gab auch eine eigene Gerichtshoheit und ein einheitliches Münzsystem.

B) Er hatte weniger Abgaben an die Obrigkeit bei seinen Geschäften abzuführen, so stieg sein Reingewinn bei seinen Handelsgeschäften. Unterhält er gute Beziehungen zum Bürgermeister oder Stadtrat, kann er sich so wahrscheinlich noch zusätzliche Vorteile verschaffen für die eigenen Geschäfte.

Die Handelswaren der Hanse

Die Anfänge der Hanse

Lösungen

Aufgabe:

			G									
			E					B				
		S	T	O	C	K	F	I	S	C	H	
			R					E				
			E					R				
	H		I							P		
G	O	L	D			Z	U	C	K	E	R	
	L		E							L		
	Z						S	A	L	Z		
			W	E	I	N				E		
			O									
			L					T	U	C	H	E
	F	E	L	L	E							
			E									

Der Handel in Nord- und Ostsee

Von London nach Nowgorod

Norwegen, Schweden, Russland und die baltischen Staaten hatten Ressourcen, die die deutschen Länder benötigten. Gleichzeitig waren diese Länder ein lukrativer Absatzmarkt für die in deutschen Staaten produzierten Güter. So setzten immer mehr Kaufleute auf Geschäfte des Import- und Exporthandels.

Anfangs dienten ihnen die Gotländer als Zwischenhändler. Gotland ist eine Insel östlich vom schwedischen Festland. Sie handelten mit Waren aus Russland, Schweden und sogar aus dem Baltikum. Doch bald reichte den deutschen Händlern der Warenaustausch über die Gotländer nicht mehr aus: Sie wollten selbst nach Nowgorod, das damalige Handelszentrum des Ostens. Die Reise in das weit entfernte Land war allerdings gefährlich und Gotland wurde zu einem beliebten Zwischenstopp auf der Reise von Lübeck nach Nowgorod.

Aber die Verbindungen reichten nicht nur in den Osten – auch nach London, wo es bereits seit längerer Zeit sogar eine deutsche Handelsniederlassung gab, hatten norddeutsche Kaufleute Beziehungen. Somit ging die wichtigste damalige Handelsroute von London über Hamburg, Lübeck, Visby (Gotland) nach Nowgorod.

Aufgabe: *Suche die Städte in einem Atlas, markiere sie in der Karte und zeichne die damalige Haupthandelsroute ein.*

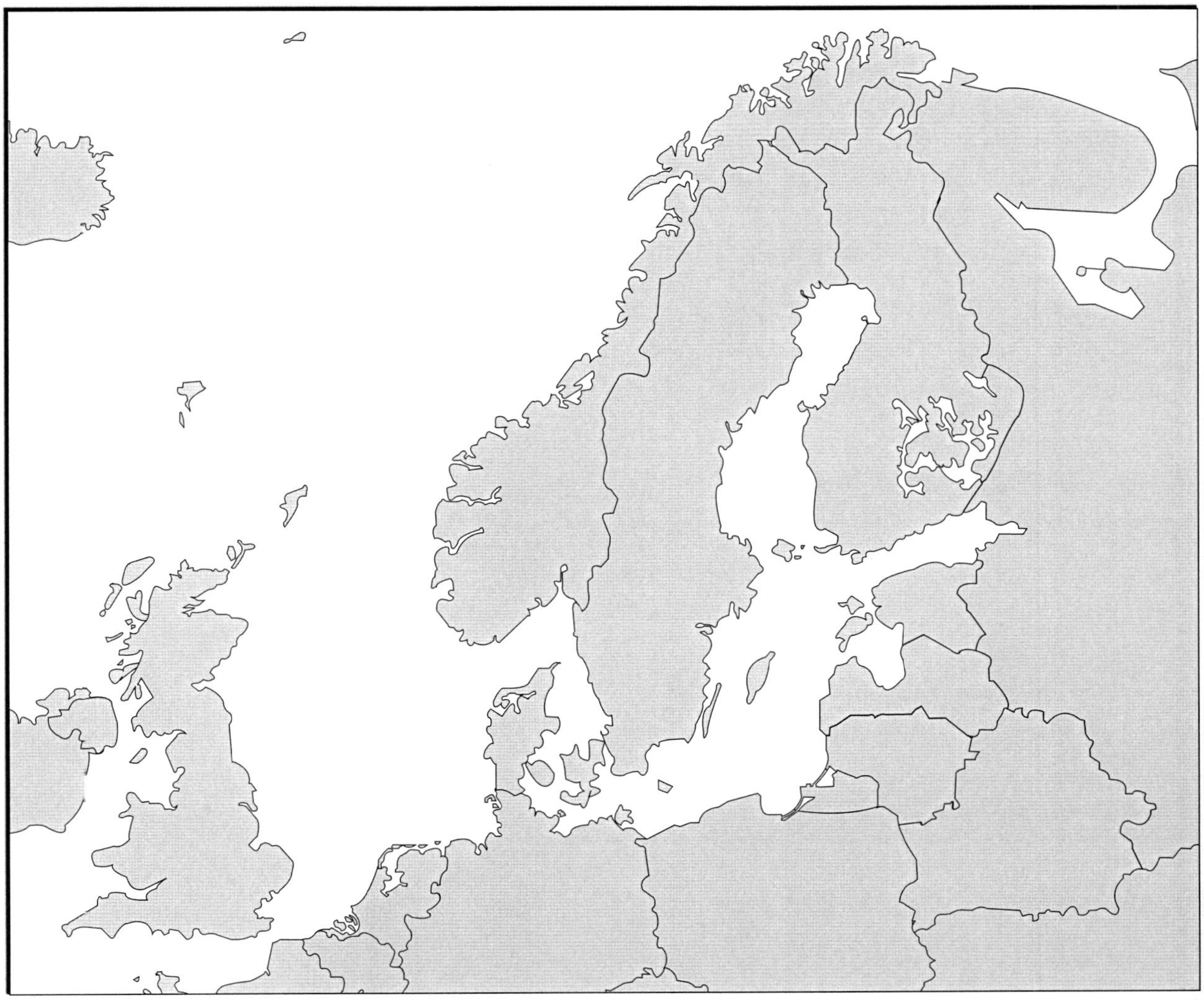

Der Handel in Nord- und Ostsee

Lösungen

Aufgabe:

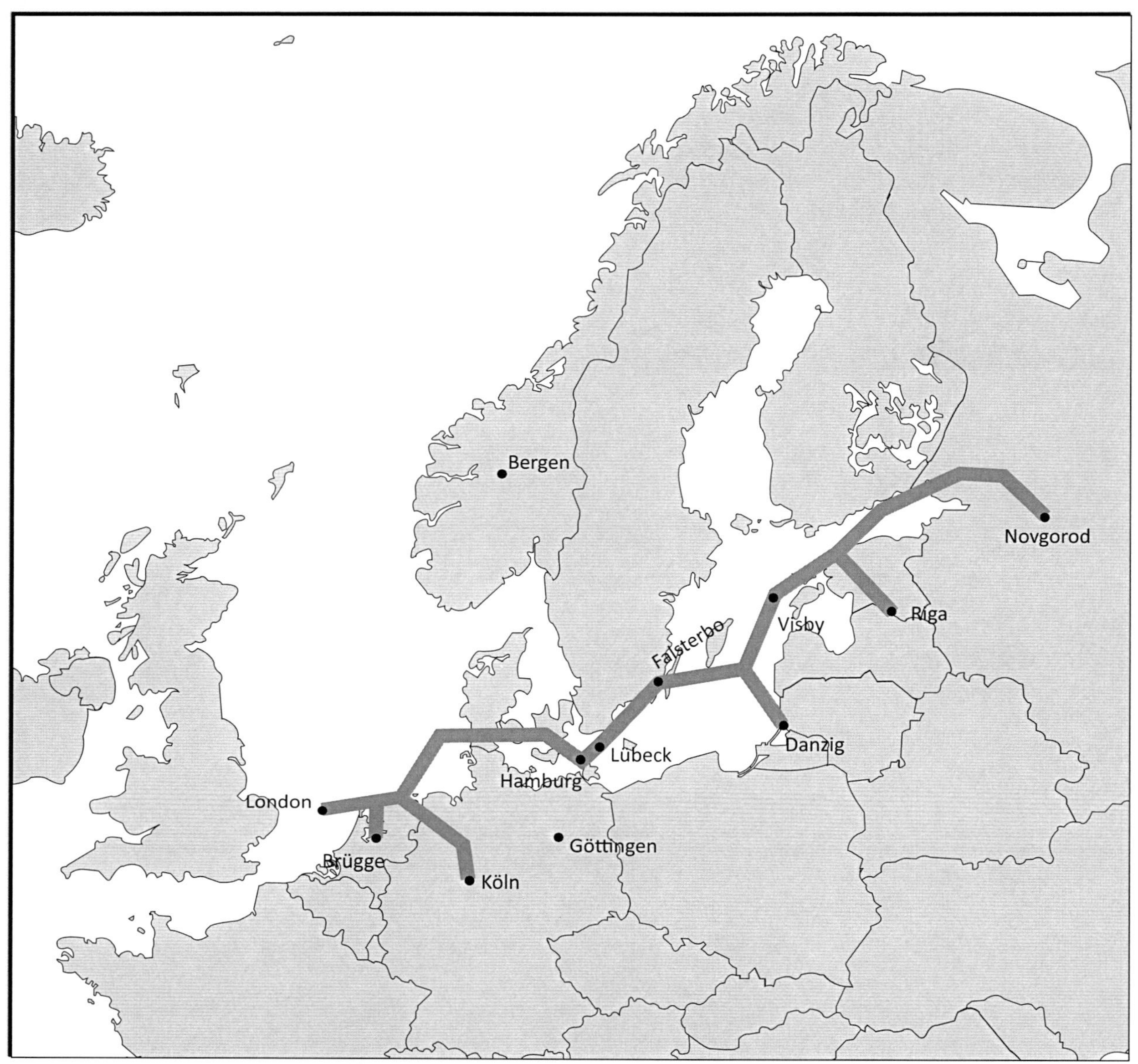

Handelsgüter und -wege der Hanse !

Aufgabe 1: *Fülle mit Hilfe der folgenden Wörter die Lücken im Text. Schreibe in dein Heft.*

Nordsee – Salz – Fisch – Hansekaufleuten – Schweden – Ostsee – Lebensmittelkonservierung

_______________ zählte damals zu den Grundnahrungsmitteln der Bevölkerung, vor allem Stockfisch, d. h. luftgetrockneter, haltbarer Fisch. Durch ihre Vormachtstellung kontrollierte die Hanse den Fischhandel in der _______________ und hatte damit das „Stockfischmonopol" inne.

Eines der wertvollsten Güter war _______________, auch „weißes Gold" genannt. Man benötigte es nicht nur zum Würzen, sondern auch für die _______________.

Weitere wichtige Handelswaren waren Holz aus _______________, Metalle, Felle und Wachs aus Russland, Tuche, Weine, Bier, Getreide aus Preußen und Livland.

Besonders lukrativ war der Handel, der vor allem von Lübecker _______________ bis 1467 in der _______________ betrieben wurde: Bier, Getreide, Wein und Tuche wurde nach Bergen exportiert. Dort wurde Stockfisch und Holz gekauft und in England verkauft. Von England nahm man Wolle mit, die in Flandern verkauft wurde. Das in Flandern gekaufte Tuch wurde in Lübeck veräußert.

Aufgabe 2: *Zeichne in der Karte den damaligen Dreieckshandel ein.*

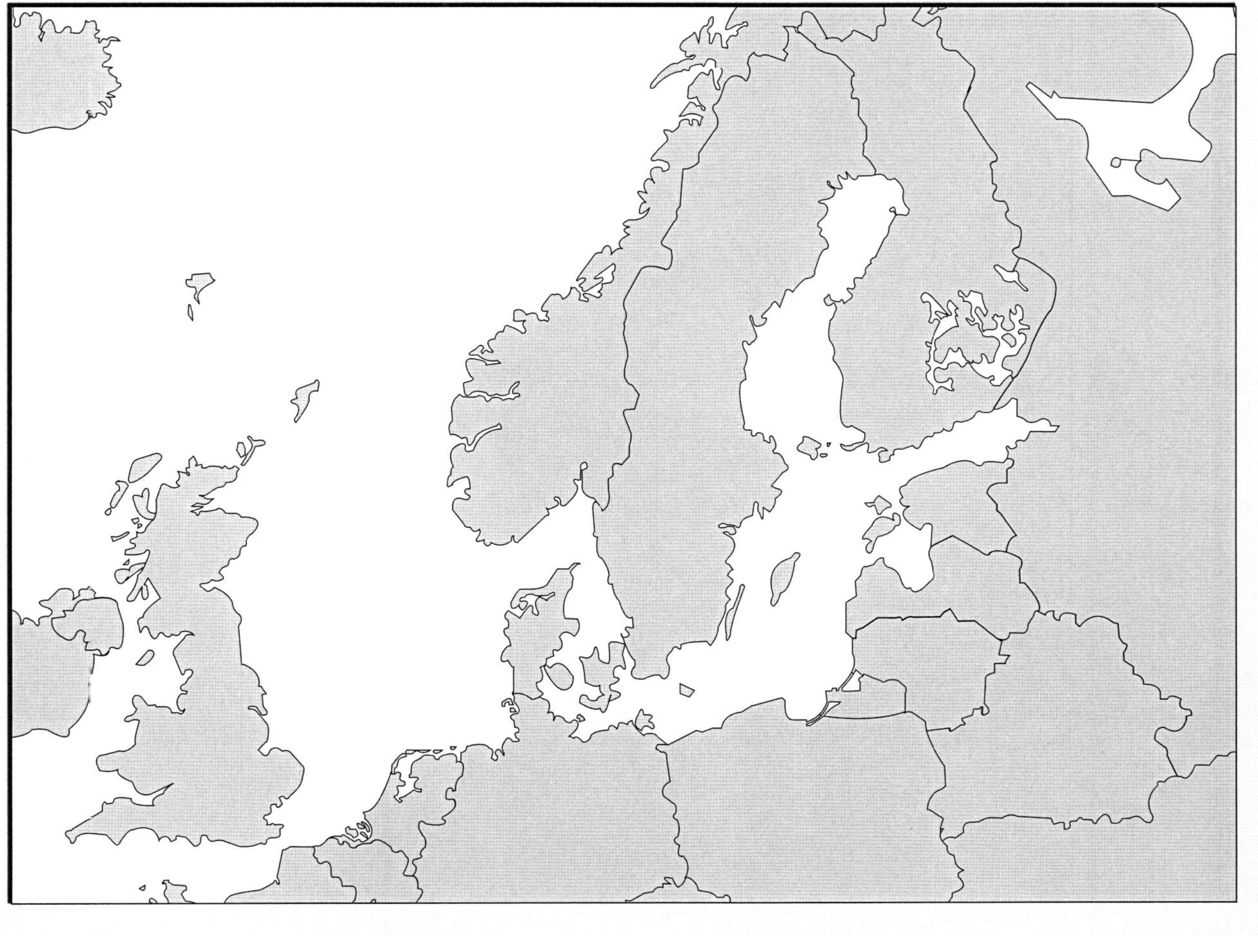

Handelsgüter- und wege der Hanse

Lösungen

Aufgabe 1: **Fisch** zählte damals zu den Grundnahrungsmitteln der Bevölkerung, vor allem Stockfisch, d. h. luftgetrockneter, haltbarer Fisch. Durch ihre Vormachtstellung kontrollierte die Hanse den Fischhandel in der **Ostsee** und hatte damit das „Stockfischmonopol" inne.
Eines der wertvollsten Güter war **Salz**, auch „weißes Gold" genannt. Man benötigte es nicht nur zum Würzen, sondern auch für die **Lebensmittelkonservierung**.
Weitere wichtige Handelswaren waren Holz aus **Schweden**, Metalle, Felle und Wachs aus Russland, Tuche, Weine, Bier, Getreide aus Preußen und Livland.
Besonders lukrativ war der Handel, der vor allem von Lübecker **Hansekaufleuten** bis 1467 in der **Nordsee** betrieben wurde: Bier, Getreide, Wein und Tuche wurde nach Bergen exportiert. Dort wurde Stockfisch und Holz gekauft und in England verkauft. Von England nahm man Wolle mit, die in Flandern verkauft wurde. Das in Flandern gekaufte Tuch wurde in Lübeck veräußert.

Aufgabe 2:

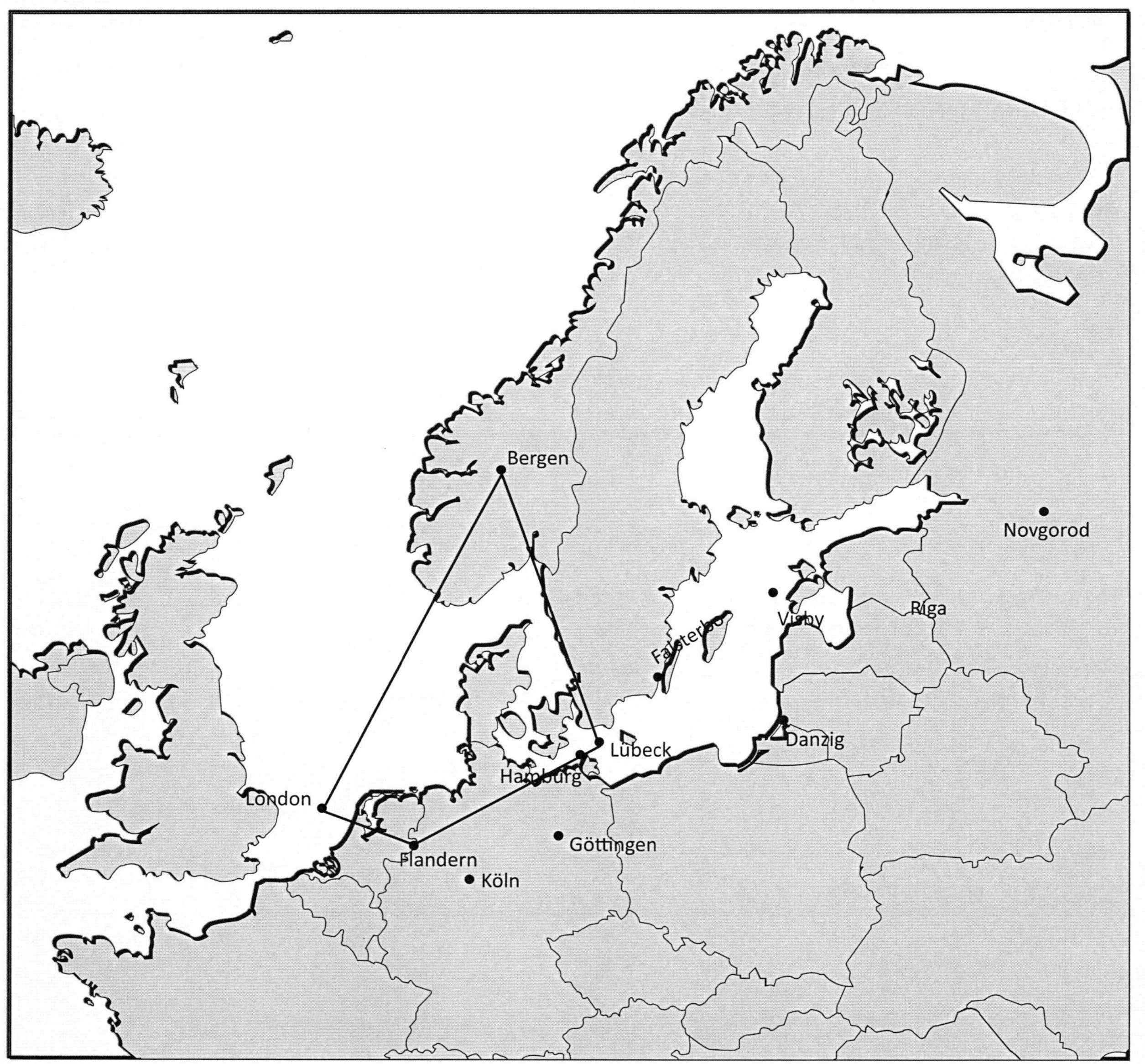

Von der Kaufmannshanse zur Städtehanse

!

Die Blütezeit der Hanse

Die erste Zeit der Hanse, vom 11. Jahrhundert bis ca. 1240, wird auch als „Kaufmannshanse" bezeichnet, da nur Kaufleute und noch keine Städte Mitglieder der Hanse waren.

1241 organisierten die beiden Handelsstädte Lübeck und Hamburg eine Seeflotte, die als Schutz für die Handelsschiffe und die Kaufleute dienen sollte. So wurde Lübeck die erste deutsche Stadt an der Ostsee mit sicheren Verbindungen für den Osthandel über das Meer, vor allem nach Russland. Über die Flüsse Dnepr und Wolga wurden die Waren dann weiter ins Landesinnere befördert. Waren aus den Ostländern, die in Lübeck entladen wurden, wurden meist nach Hamburg gebracht und dann von dort aus weiterverkauft.

Da das Bündnis der beiden Städte sehr erfolgreich agierte, schlossen sich im Laufe der nächsten dreißig Jahre über achtzig weitere Städte der Hanse an. In den Zeiten ihrer größten Ausdehnung waren beinahe 200 See- und Binnenstädte des nördlichen Europas in der Städtehanse zusammengeschlossen. Viele Hansestädte gelangten zu großem Reichtum, was sich an zahlreichen bedeutenden Bauwerken noch heute ablesen lässt. Diese Zeit der Hanse wird auch als „Städtehanse" bezeichnet. Die einstige „Kaufmannshanse" ging in diese über, vereinte sich mit ihr. Bis ins 17. Jahrhundert war die Hanse eine der bedeutendsten wirtschaftlichen Mächte in Europa.

Aufgabe:

a) *Welche beiden Städte können als Gründerstädte der Hanse betrachtet werden?*

b) *Recherchiere und finde zehn weitere Hansestädte.*

Hansestädte

Die Blütezeit der Hanse

Während sich die Städte am Wasser um die Organisation und die Sicherheit des Seehandels kümmerten, sorgten die Städte im Land für die Organisation und die Sicherheit der Landhandelsrouten.

Aufgabe: Finde in dem Wörtergitter die zwölf versteckten Hansestädte.

Q	B	Y	S	E	R	D	X	C	F	H	B	F	B	E	C	V
S	R	O	S	T	O	C	K	K	J	H	G	F	E	X	C	H
E	E	C	T	R	G	Z	H	B	V	F	R	Z	R	B	V	A
R	M	F	R	R	G	R	E	I	F	S	W	A	L	D	P	N
F	E	R	A	F	D	F	R	G	T	B	I	T	I	C	L	N
V	N	T	L	V	K	Ö	L	N	D	F	S	G	N	F	M	O
B	G	G	S	V	G	R	D	E	T	D	M	A	S	D	J	V
H	N	A	U	M	B	U	R	G	D	G	A	P	R	D	U	E
U	P	N	N	M	N	J	U	G	A	Y	R	Q	S	Y	Z	R
I	L	H	D	O	R	T	M	U	N	D	Q	Y	X	C	H	H
M	I	Z	X	S	Y	Q	E	F	Z	H	J	U	Z	B	N	G
L	N	T	Q	A	X	K	Ö	N	I	G	S	B	E	R	G	T
O	B	G	H	G	D	S	A	W	G	Y	D	X	C	F	G	B

KOHL VERLAG Stationenlernen DIE HANSE Sekundarstufe – Bestell-Nr. 12 959

Von der Kaufmannshanse zur Städtehanse

Die Blütezeit der Hanse

Lösungen

Aufgabe: **a)** Hamburg und Lübeck

b) Mögliche Lösung: Bremen, Wismar, Rostock, Stralsund, Greifswald, Danzig, Königsberg, Köln, Dortmund, Hannover, Berlin, Naumburg, etc.

Hansestädte

Die Blütezeit der Hanse

Aufgabe:

	B												B			
	R	O	S	T	O	C	K						E			H
	E		T										R			A
	M		R		G	R	E	I	F	S	W	A	L	D		N
	E		A								I		I			N
	N		L		K	Ö	L	N			S		N			O
			S								M					V
	N	A	U	M	B	U	R	G	D		A					E
			N						A		R					R
			D	O	R	T	M	U	N	D						
									Z							
						K	Ö	N	I	G	S	B	E	R	G	
									G							

KOHL VERLAG Stationenlernen DIE HANSE Sekundarstufe – Bestell-Nr. 12 959

Hansekontore

Im Laufe der Zeit hatte die Hanse nicht nur sichere Handelswege zwischen den einzelnen Hansestädten geschaffen, sondern in vielen auch Handelsstützpunkte errichtet, die sogenannten „Hansekontore". Diese dienten vor Ort als zentrale Umschlagplätze für die Handelswaren der hanseatischen Kaufleute. Es waren einerseits Lager für Waren, andererseits Unterkünfte für die Kaufleute, die diese Waren begleitet hatten bzw. sie gegen andere tauschen wollten.

Die vier größten Kontore der Hanse gab es in London, Brügge (heute Belgien), Bergen (Norwegen) und Nowgorod (Russland). Die Handelsniederlassung der Deutschen in England hieß „Stalhof", hier wurden die Waren „gestalt", das heißt, geprüft und mit einem Bleisiegel gekennzeichnet.

Jedem Kontor stand ein Kaufmann vor, der mit dem Herrscher vor Ort verhandelte und dafür sorgte, dass die kaufmännischen Interessen und lukrative Privilegien der Hanse gewahrt wurden, z. B. durch niedrige Zölle.

Durch die Kontore garantierte die Hanse also auch die Sicherheit im Fernhandel und konnte so ihr Handelsnetzwerk zusätzlich erweitern.

Aufgabe 1: *Verbinde die passenden Satzanfänge mit den richtigen Satzenden. Schreibe sie nun richtig in dein Heft.*

Zwischen den einzelnen Hansestädten gab es sichere Handelswege und	der hanseatischen Kaufleute.
Diese Handelsstützpunkte wurden	der mit dem Herrscher vor Ort verhandelte.
Sie dienten als zentrale Umschlagplätze für die Handelswaren	die diese Waren begleitet hatten.
Sie waren aber auch Unterkünfte für die Kaufleute der Hanse,	als Hansekontore bezeichnet.
In London, Brügge, Bergen und Nowgorod befanden sich	beispielsweise niedrige Zölle.
Jedes Kontor wurde von einem Kaufmann geführt,	in vielen Städten auch Handelsstützpunkte.
Es ging dabei primär um lukrative Privilegien für die Hanse wie	die vier größten Kontore der Hanse.

Aufgabe 2: *Definiere das Wort „Handelskontor".*

Kontorhaus der Hanse in Antwerpen, ca. 1700

KOHL VERLAG Stationenlernen DIE HANSE Sekundarstufe – Bestell-Nr. 12 959

Hansekontore

Lösungen

Aufgabe 1:

Zwischen den einzelnen Hansestädten gab es sichere Handelswege und	der hanseatischen Kaufleute.
Diese Handelsstützpunkte wurden	der mit dem Herrscher vor Ort verhandelte.
Sie dienten als zentrale Umschlagplätze für die Handelswaren	die diese Waren begleitet hatten.
Sie waren aber auch Unterkünfte für die Kaufleute der Hanse,	als Hansekontore bezeichnet.
In London, Brügge, Bergen und Nowgorod befanden sich	beispielsweise niedrige Zölle.
Jedes Kontor wurde von einem Kaufmann geführt,	in vielen Städten auch Handelsstützpunkte.
Es ging dabei primär um lukrative Privilegien für die Hanse wie	die vier größten Kontore der Hanse.

Aufgabe 2: Eine Handelsniederlassung/ein Handelsstützpunkt

KOHL VERLAG Lernen mit Erfolg
Stationenlernen DIE HANSE
Sekundarstufe – Bestell-Nr. 12 959

Alltag im Handelskontor ✶

Die Blütezeit der Hanse

Aufgabe: *Stelle dir einmal vor, du wärest ein Kaufmann, der momentan im Handelskontor in Bergen ist. Wie würde dann dein Alltag dort aussehen? Versuche ihn stichwortartig zu beschreiben.*

Fotografie aus dem Jahre 1866

Stationenlernen DIE HANSE Sekundarstufe – Bestell-Nr. 12 959

Der Kaufmann – Vom reisenden Händler zum mächtigen Bürger !

Die Blütezeit der Hanse

Die Handelswege wurden daher sicherer und die Fahrgemeinschaften der Kaufleute verloren zunehmend an Bedeutung. Die Kaufleute regelten nun von einer Stadt aus ihr Geschäft und anstatt persönlich zu reisen, entsandten sie Vertreter in die Städte, mit denen sie Handel betrieben. So waren sie in der Lage, mehrere Handelsgeschäfte gleichzeitig von einem zentralen Punkt aus zu organisieren. Daher entwickelten sich die Städte zu neuen Handelszentren. Durch den Fernhandel häuften die Kaufleute große Reichtümer an. Die Sesshaftwerdung der Kaufleute in den Städten führte bald auch dazu, dass diese in den Rat der Stadt und andere hohe Positionen aufstiegen. So wurden die Städte nun in erster Linie von Kaufleuten beherrscht.

Aufgabe:

a) *Erkläre, warum mit dem Entstehen der Städtehanse die Kaufleute nun von einer Stadt aus ihr Geschäft regeln konnten.*

b) *Was war die Folge für die Städte, in denen sich die Kaufleute niederließen?*

Kölner Ratsherr, 16. Jahrhundert

Stationenlernen DIE HANSE Sekundarstufe – Bestell-Nr. 12 959

Alltag im Handelskontor

Lösungen

Aufgabe: Mögliche Lösung:
Es war meist eine beschwerliche Reise bis zu dem Kontor. Aus diesem Grund blieb man dort länger, beispielsweise ein halbes Jahr. Daher gab es neben den Warenlagern auch Häuser, die zum Kontor gehörten, in denen die Kaufleute wohnten. Ringsherum war ein hoher Zaun zum Schutz gegen Diebe.
Man musste die Arbeiten im eigenen Warenlager überwachen, z. B. ob neue Ware vollzählig angekommen war, organisieren, an wen sie verkauft werden sollte, die Bezahlung der Arbeiter regeln, die die Waren einlagerten oder beförderten, Gewinne ausrechnen, ggfs. bei anderen Kaufleuten Kredite aufnehmen, in die Warenlager gehen und die Arbeiten dort beaufsichtigen. Es galt also, viel zu registrieren und vor allem auch schriftlich festzuhalten. Briefe an Kaufleute in anderen Städten wurden verfasst und diese den Handelsreisenden bzw. Kapitänen auf den Schiffen mitgegeben, damit sie sie befördern. So etwas wie eine Post gab es ja nicht.
Man pflegte und vertiefte die Kontakte zu den anderen Kaufleuten im Kontor und tausche Nachrichten aus, z. B. über andere Länder, deren Herrscher und Kriege dort. Man war auch bemüht, gute Beziehungen zu politisch wichtigen Personen in Norwegen zu bekommen bzw. diese aufrechtzuerhalten, um sich so günstige Handelsbedingungen zu sichern.
Es gab in einigen Kontoren schriftlich festgelegte Regeln für das Zusammenleben.

Der Kaufmann – Vom reisenden Händler zum mächtigen Bürger

Die Blütezeit der Hanse

Aufgabe:

a) Da die Handelswege zunehmend sicherer geworden waren, verloren die Fahr-- gemeinschaften der Kaufleute an Bedeutung. Daher konnten die Kaufleute nun in einer Stadt bleiben, von der aus sie gleichzeitig mehrere Handelsgeschäfte organisieren konnten. Sie schickten nun Vertreter in die Städte, mit denen sie Handel betrieben.

b) Bedingt durch ihren Reichtum und die gute Vernetzung mit anderen wichtigen Persönlichkeiten einer Stadt wurden Kaufleute häufig in den Rat einer Stadt, in der sie nun ansässig waren, berufen. So wurden die Städte bald politisch in erster Linie von Kaufleuten beherrscht.

KOHL VERLAG Stationenlernen DIE HANSE Sekundarstufe – Bestell-Nr. 12 959

Handelsgesellschaften der hanseatischen Kaufleute ✶

Ein Kaufmann, der alleine auf sich gestellt Handel betreibt, war in der Hanse des 14. und 15. Jahrhundert die Ausnahme. Der typische Hansekaufmann war Mitglied einer oder mehrerer Handelsgesellschaften. Es gab die kurzfristige Gelegenheitsgesellschaft, eine sogenannte „Selschop“. Kaufleute an verschiedenen Handelsplätzen sandten sich gegenseitig Waren zu. Diese wurde dann jeweils dort verkauft.

Die Waren gehörten beiden Kaufleuten zusammen, der Gewinn (aber auch das Risiko eines Verlustes) aus deren Verkauf wurde zwischen ihnen geteilt. So konnten beide Partner sicher sein, dass auch ohne ihre Anwesenheit am Zielort die Geschäfte korrekt abgewickelt wurden.

Das Kommissionsgeschäft, „Sendeve“ genannt, war eine weitere Möglichkeit der Zusammenarbeit von Kaufleuten. Ein Partner brachte eine Vermögenseinlage ein, der andere wickelte praktisch den Handel ab, also beförderte die Waren von A nach B. Dafür bekam er einen festen Lohn oder eine Provision. Der Kaufmann mit der Vermögenseinlage erhielt alleine den Gewinn, er trug aber auch einen möglichen Verlust alleine.

Bei dem am häufigsten vorkommenden Typ der freien Gesellschaft brachten zwei oder mehr Partner Kapital in gleicher oder unterschiedlicher Höhe ein, die Gewinnausschüttung und Verlustzuweisung erfolgte je nach Anteil. Es gab hier neben den aktiven Gesellschaftern häufig auch stille Teilhaber. Gewöhnlich blieb die Dauer der Gesellschaft auf wenige Jahre befristet.

Viele Hansekaufleute waren in mehreren solcher Gesellschaften vertreten, um das Risiko besser zu verteilen. Bei der Wahl der Gesellschaftspartner spielten meist verwandtschaftliche Beziehungen eine Rolle.

Aufgabe 1: *Kreuze an und korrigiere dann die falschen Aussagen.*

	Richtig	Falsch
a) Betrieb ein Kaufmann seine Handelsgeschäfte alleine, war das Risiko, dass seine Waren auf dem Transport von Räubern gestohlen wurden, recht hoch.		
b) Daher schlossen sich Kaufleute mit anderen zusammen und bildeten langfristig sogenannte Selschops.		
c) Bei diesen Selshops gehörten die Waren den Kaufleuten alleine, der Gewinn aus dem Verkauf der Waren wurde geteilt.		
d) Bei einem „Sendeve“ Geschäft stellte ein Partner das Kapital, der andere beförderte die Waren und erhielt dafür Lohn oder eine Provision.		
e) Kam es bei einem solchen Geschäft zum Verlust von Waren, trug diesen der Partner mit der Kapitaleinlage alleine, der sie befördernde Kaufmann bekam keinen Lohn.		
f) Bei der freien Gesellschaft brachten die beteiligten Partner Kapital in gleicher Höhe ein, der Gewinn bzw. ein Verlust wurde so ebenso verteilt.		
g) Die Dauer der Handelsgesellschaften war meist auf wenige Jahre befristet.		
h) Viele Kaufleute gehörten gleichzeitig mehreren Gesellschaften an, um so ihre Gewinne zu steigern.		

Aufgabe 2: *Welche Nachteile hatte ein Kaufmann, der seinen Handel nur alleine betrieb?*

Aufgabe 3:
a) *Beschreibe anhand eines Beispiels, wie ein Handelsgeschäft bei der sogenannten Selschop praktisch ablief.*
b) *Beschreibe, wie ein Kommissionsgeschäft abgewickelt wurde.*
c) *Warum war die freie Gesellschaft die am häufigsten vorkommende Form bei der Hanse?*

Handelsgesellschaften der hanseatischen Kaufleute

Lösungen

Aufgabe 1:

	Richtig	Falsch
a) Betrieb ein Kaufmann seine Handelsgeschäfte alleine, war das Risiko, dass seine Waren auf dem Transport von Räubern gestohlen wurden, recht hoch.	x	
b) Daher schlossen sich Kaufleute mit anderen zusammen und bildeten langfristig sogenannte Selschops.		x
c) Bei diesen Selshops gehörten die Waren den Kaufleuten alleine, der Gewinn aus dem Verkauf der Waren wurde geteilt.		x
d) Bei einem „Sendeve“ Geschäft stellte ein Partner das Kapital, der andere beförderte die Waren und erhielt dafür Lohn oder eine Provision.	x	
e) Kam es bei einem solchen Geschäft zum Verlust von Waren, trug diesen der Partner mit der Kapitaleinlage alleine, der sie befördernde Kaufmann bekam keinen Lohn.		x
f) Bei der freien Gesellschaft brachten die beteiligten Partner Kapital in gleicher Höhe ein, der Gewinn bzw. ein Verlust wurde so ebenso verteilt.		x
g) Die Dauer der Handelsgesellschaften war meist auf wenige Jahre befristet.	x	
h) Viele Kaufleute gehörten gleichzeitig mehreren Gesellschaften an, um so ihre Gewinne zu steigern.		x

b) Diese waren nur kurzfristige Zusammenschlüsse.

c) Die Waren gehörten den Kaufleuten auch zusammen.

e) Der Kaufmann, der die Ware beförderte, bekam auch in diesem Fall seinen Lohn.

f) Die Partner konnten auch in unterschiedlicher Höhe Kapital einbringen und der Gewinn bzw. Verlust wurde nach diesen Anteilen ermittelt.

h) Sie versuchten so, das Risiko von Verlusten besser zu verteilen.

Aufgabe 2: Er musste das gesamte Kapital für den Kauf der Waren selbst aufbringen und auch selbst für ihre Beförderung sorgen. So trug er das Risiko bei der Beförderung seiner Waren alleine, z. B. dass auf dem Transport Wegelagerer diese entwendeten. Er musste auch selbst mitreisen und konnte sich so immer nur um ein Geschäft kümmern.

Aufgabe 3:

a) Zwei Kaufleute in unterschiedlichen Städten, die sich kannten und sich gegenseitig vertrauten, kauften nach Absprache bestimmte Waren, der eine beispielsweise Fisch, der andere Getreide. Diese sandten sie sich gegenseitig zu und verkauften sie dann, waren sie angekommen, in ihrer Stadt. Der Gewinn beim Verkauf wurde zwischen beiden aufgeteilt. So konnten beide Partner sicher sein, dass auch ohne ihre Anwesenheit am Zielort die Geschäfte korrekt abgewickelt wurden.

b) Bei einem Kommissionsgeschäft kaufte ein Kaufmann Waren. Nach dem Kauf derselben beauftrage er einen anderen Kaufmann, diese in eine andere Stadt zu transportieren und dort zu verkaufen, dafür erhielt dieser einen Lohn bzw. eine Provision. Der Kaufmann, der die Ware gekauft hatte, strich den Gewinn aus dem Verkauf alleine ein, trug aber auch einen möglichen Verlust alleine.

c) Bei der freien Gesellschaft brachten zwei oder mehr Partner das Kapital zum Kauf von Waren gemeinsam auf, so konnten mehr Waren gekauft werden und so auch ein höherer Gewinn bei deren Weiterverkauf erzielt werden. Häufig waren die Hansekaufleute auch in mehreren solcher Gesellschaften organisiert, um das Risiko besser zu verteilen. An welchen dieser Gesellschaften sich ein Kaufmann beteiligte, hing meist davon ab, ob in ihnen auch Verwandte des Kaufmanns waren, was garantieren sollte, nicht betrogen zu werden.

Politischer Einfluss der Hanse im Ausland

!

Dadurch, dass die Hanse die Interessen von vielen verschiedenen Kaufleuten und Städten vertrat, war sie nicht nur wirtschaftlich, sondern auch politisch sehr einflussreich. Durch ihre Mitgliedschaft in der Hanse waren die Kaufleute nicht nur untereinander sehr gut vernetzt, sondern viele von ihnen pflegten auch Beziehungen zu politisch wichtigen bzw. einflussreichen Persönlichkeiten in den jeweiligen Zielländern des Handels. Diese nutzten sie, um im Namen der Hanse gute Handelsverträge und -privilegien auszuhandeln, die dann letztlich allen zugutekamen. So etablierte sich der direkte Handel ohne Zwischenhändler, bei dem die Hansekaufleute viel Geld verdienten.

Den englischen Königen waren die deutschen Händler sehr willkommen, da diese ihnen hohe Summen liehen Dafür standen die deutschen Kaufleute unter dem Schutz der englischen Krone.

Durch klug geführte Verhandlungen erreichte die Hanse auch langfristige Handelsverträge für Häfen in den Niederlanden und erweiterte so ihren Einflussbereich von der Ostsee auch auf die Nordsee.

Die Hanse hatte aber durchaus auch andere Methoden zur Verfügung, mithilfe derer sie ihre Interessen durchsetze. Sie verhängte beispielsweise Wirtschaftsblockaden gegenüber Ländern, die Rechte und Privilegien der Hanse missachtet hatten. Durch dieses Druckmittel erreichte sie meistens, dass die in diesen Ländern Herrschenden wieder zu Verhandlungen bereit waren.

Aufgabe: *Beantworte die folgenden Fragen.*

a) *Warum war die Hanse nicht nur wirtschaftlich, sondern auch politisch sehr einflussreich?*

b) *Was versteht man unter einem direkten Handel und warum konnten die Kaufleute mit diesem mehr Geld verdienen?*

c) *Die Könige in England waren an den deutschen Händlern sehr interessiert. Welchen Grund gab es dafür?*

d) *Welchen Vorteil hat es, wenn die Hanse langfristige Handelsverträge z. B. für Häfen in anderen Staaten abschließt?*

e) *Konnten durch Verhandlungen mit anderen Ländern keine Ergebnisse erzielt werden, setzte die Hanse auch andere Methoden ein, um ihre Ziele zu erreichen. Welche waren das?*

Abbildung aus dem Hamburger Stadtrecht, 1497

Politischer Einfluss der Hanse im Ausland

Lösungen

Aufgabe:

a) Da die Kaufleute der Hanse nicht nur untereinander sehr gut vernetzt waren, sondern viele von ihnen auch Beziehungen zu politisch wichtigen bzw. einflussreichen Persönlichkeiten in den jeweiligen Zielländern des Handels pflegten, konnten sie darüber Einfluss auf politische Entscheidungen nehmen. Gegebenenfalls konnten sie damit drohen, Handelsbeziehungen abzubrechen, was Folgen für die Herrscher gehabt hätte, z. B. weniger Verdienst durch Zölle bzw. mangelnde Versorgung der Bevölkerung.

b) Sollen Waren von einem Land in ein anderes gebracht und dort verkauft werden, braucht es normalerweise Zwischenhändler, die die Waren befördern, an den nächsten Spediteur weitergeben und dann auch in dem anderen Land verkaufen. Verhandeln Verkäufer und Käufer direkt miteinander, entfallen die Kosten für den Zwischenhandel, der Gewinn steigt. Das setzt allerdings voraus, dass die beteiligten Kaufleute sich kennen und einander vertrauen, was bei Hansekaufleuten i. d. R. ja gerade der Fall war. So wurde durch den direkten Handel ohne Zwischenhändler gutes Geld verdient.

c) Die deutschen Kaufleute liehen ihnen Geld, ziemlich hohe Summen, wofür sie für sich selbst und ihre Handelsgeschäfte den Schutz der Könige erhielten.

d) Für einen Kaufmann war so von vornherein klar, wie viel Kosten er für das Be- und Entladen der Schiffe zu entrichten hatte, diese Kosten mussten dann ja nicht immer wieder neu vor Ort ausgehandelt werden. Er konnte dann die Preise beim Verkauf seiner Waren besser kalkulieren. Durch diese Art der Verträge erweiterte sich der Einfluss der Hanse z. B. von der Ostsee auch auf die Nordsee.

e) Sie blockierte den Handel mit diesen Ländern, sodass deren Kaufleute mit der Hanse keine Geschäfte mehr abschließen konnten und so viel Geld verloren. Durch dieses Mittel erreichte sie meistens, dass die betroffenen Kaufleute den Herrscher unter Druck setzten, wieder mit der Hanse zu verhandeln.

Hansetage

Damit ein so großes Handelsnetzwerk wie die Hanse reibungslos funktioniert, ist eine gute Organisation und eine effektive Zusammenarbeit Voraussetzung. Um sich untereinander austauschen zu können und das Vorgehen der Hanse bei anstehenden Problemen zu besprechen, wurde regelmäßig der Hansetag einberufen. Dieser war das oberste Gremium der Hanse und setzte sich aus den Vertretern der Hansestädte zusammen.

Behandelt wurden auf dem Hansetag alle Fragen, welche das Verhältnis der Kaufleute und Städte untereinander oder die Beziehungen zu den Handelspartnern im Ausland betrafen. Wichtige Angelegenheiten waren:

- Das Aushandeln von Handelsverträgen und Handelsprivilegien mit anderen Städten, Ländern und deren Herrschern.
- Verbesserung der Beziehungen zu auswärtigen Handelspartnern durch diplomatische Aktivitäten.
- Sanktionen und Wirtschaftsblockaden gegen Städte und Länder, die gegen die Interessen der Hanse oder deren Kaufleute verstießen.
- Militärische Maßnahmen, wenn eine Auseinandersetzung mit einem Handelsland nur so gelöst werden konnte.
- Schlichtungen bei Konflikten der Hansestädte untereinander.
- Finanzielle Maßnahmen, beispielsweise die Höhe des Mitgliedsbeitrages.
- Neuaufnahme oder Ausschluss von Mitgliedern.

Die Beschlussfindung auf den Hansetagen fand nicht durch Abstimmungen statt, sondern es wurde diskutiert und verhandelt, bis eine Einigung zustande kam. Es galt also nicht das Konsensprinzip. Die entsandten Vertreter der Städte, die sogenannten Tagfahrer, kehrten anschließend in ihre Stadt zurück und berichteten dem Rat von den Ergebnissen. Es lag nun beim Rat der Stadt, ob ein Beschluss angenommen wurde oder nicht. Dies führte dazu, dass es selten einen Beschluss eines Hansetages gab, der tatsächlich von allen Städten der Hanse mitgetragen wurde.

Der erste Hansetag fand im Jahr 1356 statt, meistens trafen sich die Vertreter der Hansestädte für ihre Versammlungen in der Stadt Lübeck.

Aufgabe 1: **a)** *Erkläre die Bedeutung der Hansetage.*

b) *Wer entsandte Vertreter zu den Hansetagen, wie wurden diese genannt?*

Aufgabe 2: *Nenne konkrete Beispiele dafür, welche Sachverhalte auf den Hansetagen besprochen wurden.*

Aufgabe 3: **a)** *In welcher Form erfolgte eine Beschlussfassung auf den Hansetagen und welche Auswirkungen hatte dieses Prinzip auf die Mitgliedsstädte?*

b) *Beschlüsse der Hansetage dienten auch dazu, die Interessen der Hanse gegenüber den weltlichen Herrschern durchzusetzen. Nenne dafür Beispiele:*

Hansetage

Lösungen

Aufgabe 1: **a)** Auf den Hansetagen informierten sich die Mitglieder der Hanse wechselseitig über wichtige Anliegen und Vorgänge und die Beziehungen zu den Handelspartnern im Ausland. Der Hansetag war das oberste Beschlussorgan der Hanse.

b) Jede Hansestadt entsandte einen Vertreter, der als Tagfahrer bezeichnet wurde.

Aufgabe 2: Es wurde darüber gesprochen, mit welchen Ländern noch Handelsverträge geschlossen werden sollten und wie diese inhaltlich gestaltet sein sollten.
Man besprach, ob Sanktionen gegenüber Städten oder Ländern erfolgen sollten, die sich den Interessen der Hanse widersetzten.
Konnte ein Konflikt mit einem Handelsland nicht durch Verhandlungen mit diesem gelöst werden, konnten militärische Maßnahmen beschlossen werden.
Gab es Konflikte der Hansestädte untereinander, wurde versucht, diese zu schlichten.
Es wurde darüber beraten, ob neue Städte in die Hanse aufgenommen werden sollten.
Die Höhe des Mitgliedsbeitrages für die Zugehörigkeit zur Hanse wurde ggfs. neu festgesetzt.

Aufgabe 3: **a)** Auf den Hansetagen wurde so lange diskutiert, bis man eine Einigung erzielt hatte. Es galt dabei nicht das Prinzip, dass über Beschlüsse abgestimmt wurde und sie erst dann in Kraft traten, wenn sich für diese eine Mehrheit fand. Das führte dazu, dass häufig einzelne Städte die Beschlüsse für sich nicht anwendeten.

b) Ein Fürst bekam Gelder dafür, dass er in seinem Land die Hanse frei agieren ließ.
In einem anderen Land drohte man dem Herrscher, mit seinem Land keinen Handel mehr zu betreiben, würde er weiterhin so hohe Zölle erheben. Kaufleute, die gute persönliche Beziehungen zu Herrschern hatten, wurden aufgefordert, sich mit diesen zusammensetzen und zu versuchen, verbesserte Handelsbeziehungen auszuhandeln.

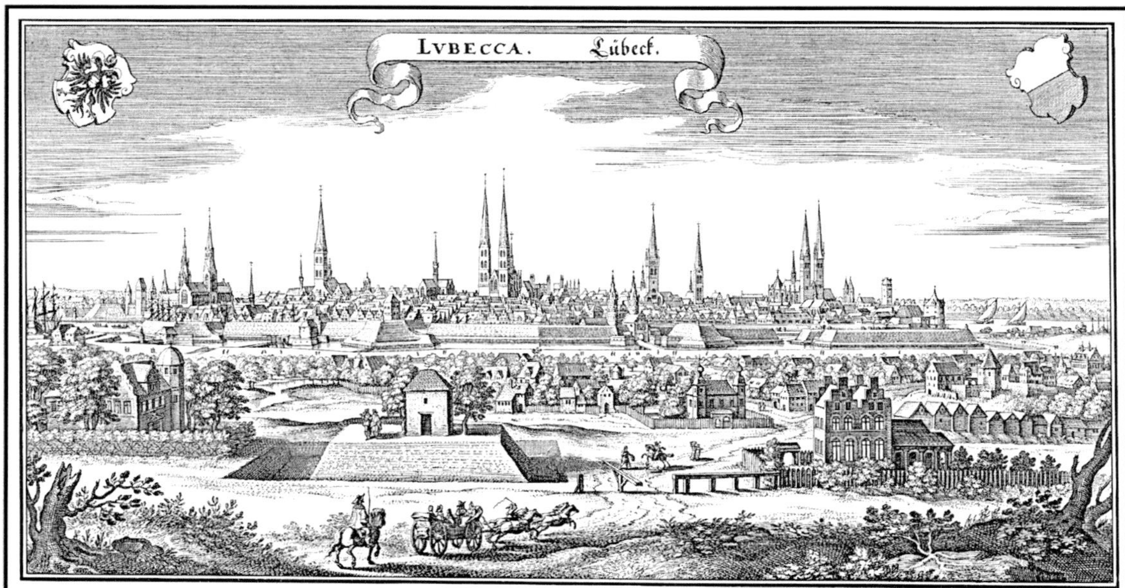

Lübeck im 17. Jahrhundert

Die Kogge

!

Ein großer Meilenstein für die steigende Effizienz des hanseatischen Handels war die Einführung der „Koggen", eines neuartigen Schiffstyps. Koggen waren große Transportschiffe, ca. 30 Meter lang und 7 Meter breit, die darauf ausgelegt waren, möglichst viel Ware mit möglichst wenig Besatzung von A nach B zu schiffen. Nur 15 bis 20 Matrosen benötigte eine Kogge, der Warenumschlag war so äußerst effizient. Zudem konnten die Koggen auch mit Kanonen bewaffnet werden und waren so in der Lage, sich in einem möglichen Gefecht gegen Seeräuber verteidigen zu können. Koggen waren einfach zu bauen, benötigten aber günstige Windverhältnisse, denn nur ein einziger Mast mit einem Rechtecksegel trieb die Kogge an. Die Seeleute mussten daher immer auf günstige Winde warten, denn gegen den Wind kreuzen können Koggen nicht. So segelten sie fast immer in Sichtweite der Küste. Bis die Handelsgüter im Zielhafen ankamen, konnte daher viel Zeit vergehen.

Koggen benötigten tiefe Häfen, um anzulegen. Ein Anlanden an seichtem Ufer und dann das Schiff an Land ziehen, wie bei den älteren, flachen Handelsbooten zuvor üblich, war nun nicht mehr möglich.

Durch die Um- und Aufrüstung der hanseatischen Flotte mit Koggen sicherte sich die Hanse die Vormachtstellung auf der Nord- und Ostsee.

Aufgabe 1: *Löse das Rätsel. Das Lösungswort bezeichnet einen Schiffstyp, der die Kogge im späten 14. Jahrhundert ablöste.*

a) *Welche Form hatte das Segel einer Kogge?*

b) *Wofür war eine Kogge hauptsächlich gedacht?*

c) *Wie durften ein Zielhafen nicht sein, damit eine Kogge anlegen konnte?*

d) *Eine Kogge konnte nicht gegen Winde... .*

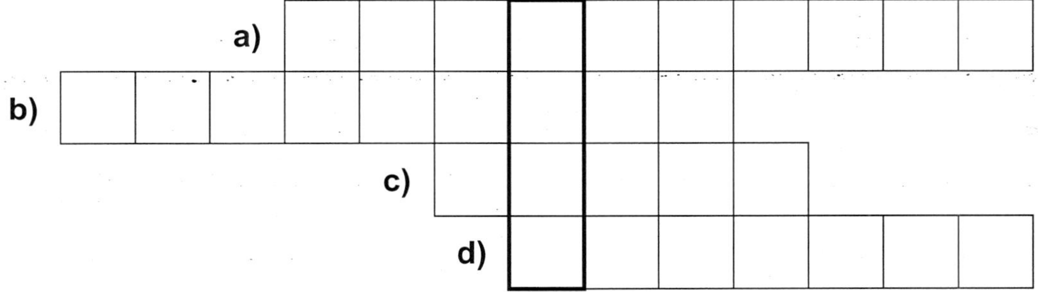

Aufgabe 2: *Nenne stichpunktartig die vier Vorteile der Kogge. Schreibe in dein Heft.*

Abbildung einer Kogge auf dem Stadtsiegel von Stralsund

KOHL VERLAG Stationenlernen DIE HANSE Sekundarstufe – Bestell-Nr. 12 959

Die Kogge

Lösungen

Aufgabe 1:

a)				R	E	C	H	T	E	C	K	I	G
b)	T	R	A	N	S	P	O	R	T				
c)						F	L	A	C	H			
d)							K	R	E	U	Z	E	N

Aufgabe 2:

1. Transport von viel Ware möglich
2. Wenig Besatzung nötig
3. Bewaffnung möglich
4. Einfach zu bauen

Abbildung einer Kogge auf dem Stadtsiegel von Stralsund

Das Leben auf einer Kogge

Aufgabe: *Fülle die Lücken im Text mit passenden Begriffen aus dem Kasten aus.*

Frachteinnahmen – Aufbauten – Segel – diszipliniert – Kapitän – friedlich – Dichtigkeit – Navigationskenntnissen – heuerte – Schutzhäfen – Frühjahr – offene

Die Besatzung einer Kogge bestand aus dem ______________________________, dem Steuermann als seinem Stellvertreter und den Bosmans oder Shipmans, die dem Hauptbodsmann unterstanden. Sie waren für das Deck, die Ladung und die ______________________________ verantwortlich. Weiterhin gab es einen Schiffszimmermann, der sich um die Instandhaltung des Schiffskörpers, besonders seine ______________________________ kümmerte, einen Koch, einen Schreiber für Fracht und Hafenverhandlungen sowie ein bis zwei Schiffsjungen. Die Mannschaft arbeitete in zwei Schichten, als Wachen bezeichnet.

Ob und wie schnell eine Kogge ihren Zielhafen erreichte, hing im Wesentlichen von den ______________________________ des Steuermannes ab, der mit Wetter und See vertraut sein musste, die wichtigsten Kurse, Tiefen und Strömungsverhältnisse im Kopf hatte und wusste, wo er ______________________________ ansteuern konnte, wenn der Wind unterwegs umzuschlagen oder zum Sturm zu werden drohte.

Über das Essen konnte sich die Besatzung im Allgemeinen nicht beklagen. An Bord gab es abwechselnd Fisch- und Fleischtage. Das Hauptnahrungsmittel an Bord war der Zwieback.

Die Seeleute verdienten auf Koggen meist gutes Geld, dafür mussten sie aber auch hart und ______________________________ arbeiten.

Etwa zur selben Zeit, als warmes Essen auf den Koggen Einzug hielt, wurde auch die Unterbringung für die Besatzung angenehmer, denn die Koggen bekamen ______________________________,

in denen nun die Seeleute und auch die mitreisenden Kaufleute sich aufhielten bzw. schliefen. Vor dem 14. Jahrhundert waren die Koggen ______________________________ Schiffe gewesen, auf denen an Deck in Schlafsäcken aus Seehundsfell (mit der Pelzseite nach innen) übernachtet wurde. Man nannte sie „Hautfass".

Der Kapitän erhielt einen entsprechenden Teil der ______________________________. Meist verschaffte er sich noch zusätzliche Einkünfte, indem er Waren auf eigene Rechnung mitführte. Er ______________________________ die Mannschaft an und bezahlte sie. Vor allem war er auch dafür verantwortlich, dass es an Bord ______________________________ zuging und es nicht zu Diebstählen oder Übervorteilung innerhalb der Besatzung kam.

Im Winter fuhren die hansischen Schiffe im Allgemeinen nicht, erst im ______________________________ nach dem Eisaufbruch stachen sie wieder in See.

Das Leben auf einer Kogge

Lösungen

Aufgabe: Die Besatzung einer Kogge bestand aus dem **Kapitän**, dem Steuermann als seinem Stellvertreter und den Bosmans oder Shipmans, die dem Hauptbodsmann unterstanden. Sie waren für das Deck, die Ladung und die **Segel** verantwortlich. Weiterhin gab es einen Schiffszimmermann, der sich um die Instandhaltung des Schiffskörpers, besonders seine **Dichtigkeit**, kümmerte, einen Koch, einen Schreiber für Fracht und Hafenverhandlungen sowie ein bis zwei Schiffsjungen. Die Mannschaft arbeitete in zwei Schichten, als Wachen bezeichnet.

Ob und wie schnell eine Kogge ihren Zielhafen erreichte, hing im Wesentlichen von den **Navigationskenntnissen** des Steuermannes ab, der mit Wetter und See vertraut sein musste, die wichtigsten Kurse, Tiefen und Strömungsverhältnisse im Kopf hatte und wusste, wo er **Schutzhäfen** ansteuern konnte, wenn der Wind unterwegs umzuschlagen oder zum Sturm zu werden drohte.

Über das Essen konnte sich die Besatzung im Allgemeinen nicht beklagen. An Bord gab es abwechselnd Fisch- und Fleischtage. Das Hauptnahrungsmittel an Bord war der Zwieback.

Die Seeleute verdienten auf Koggen meist gutes Geld, dafür mussten sie aber auch hart und **diszipliniert** arbeiten.

Etwa zur selben Zeit, als warmes Essen auf den Koggen Einzug hielt, wurde auch die Unterbringung für die Besatzung angenehmer, denn die Koggen bekamen **Aufbauten**, in denen nun die Seeleute und auch die mitreisenden Kaufleute sich aufhielten bzw. schliefen. Vor dem 14. Jahrhundert waren die Koggen **offene** Schiffe gewesen, auf denen an Deck in Schlafsäcken aus Seehundsfell (mit der Pelzseite nach innen) übernachtet wurde. Man nannte sie „Hautfass".

Der Kapitän erhielt einen entsprechenden Teil der **Frachteinnahmen**. Meist verschaffte er sich noch zusätzliche Einkünfte, indem er Waren auf eigene Rechnung mitführte. Er **heuerte** die Mannschaft an und bezahlte sie. Vor allem war er auch dafür verantwortlich, dass es an Bord **friedlich** zuging und es nicht zu Diebstählen oder Übervorteilung innerhalb der Besatzung kam.

Im Winter fuhren die hansischen Schiffe im Allgemeinen nicht, erst im **Frühjahr** nach dem Eisaufbruch stachen sie wieder in See.

KOHL VERLAG Stationenlernen DIE HANSE

Die Hanse und Klaus Störtebeker !

Große Gefahr auf den Meeren droht den Handelsschiffen durch Piraten. Auf Nord- und Ostsee lauern sie, bis sie ein Hanseschiff entdecken, um es auszurauben. Unter den Seeräubern fanden sich auch verarmte Adelige. Die berühmtesten Seeräuber waren die Vitalienbrüder. Sie bildeten eine Bruderschaft mit gleichen Rechten und teilten ihre Beute gleichmäßig unter sich auf. Zu ihnen zählte auch der legendäre Klaus Störtebeker.

Die Hanse war lange Zeit wehrlos gegen die Seeräuber, doch im April 1400 gingen die Hansestädte vereint gegen sie vor: Elf Schiffe, an Bord 950 Mann unter Waffen, liefen von Hamburg aus, um die Vitalienbrüder auszuschalten – mit Erfolg. Im Jahr 1401 gelang es den Hamburgern auch, Klaus Störtebeker gefangen zu nehmen: Er wurde wenig später hingerichtet.

Aufgabe 1: *Richtig oder falsch? Korrigiere die falschen Aussagen.*

	Richtig	Falsch
a) Unter den Seeräuber, die die Schiffe der Hanse überfielen, befanden sich auch verarmte Adelige.		
b) Klaus Störtebeker war ein Seeräuber und gehörte zu den Vitalienbrüdern.		
c) Die Hanse konnte sich nie gegen die Seeräuber wehren.		
d) Klaus Störtebeker wurde 1405 gefangengenommen.		
e) Er bekam eine Gefängnisstrafe von fünf Jahren.		

Aufgabe 2: *Um Klaus Störbeker ranken sich einige Legenden. Eine davon handelt von seiner Hinrichtung. Recherchiere und fülle die Lücken aus. Schreibe den Text in dein Heft.*

Einer Legende nach soll der Bürgermeister von ______________ versprochen haben, alle Männer am Leben zu lassen, an denen Störtebeker nach seiner ______________ vorbeiginge. An ______________ Männern konnte der Geköpfte vorbeigehen, bis er tot zusammenbrach. Nach dem Sturz des Piraten brach der Bürgermeister sein ______________ und alle 73 Seeräuber wurden enthauptet.

Störtebeker-Denkmal in Hamburg

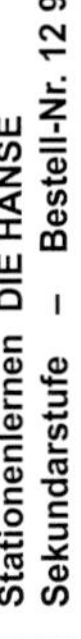

KOHL VERLAG Stationenlernen DIE HANSE Sekundarstufe – Bestell-Nr. 12 959

Die Hanse und Klaus Störtebeker

Lösungen

Aufgabe 1:

	Richtig	Falsch
a) Unter den Seeräuber, die die Schiffe der Hanse überfielen, befanden sich auch verarmte Adelige.	**X**	
b) Klaus Störtebeker war ein Seeräuber und gehörte zu den Vitalienbrüdern.	**X**	
c) Die Hanse konnte sich nie gegen die Seeräuber wehren.		**X**
d) Klaus Störtebeker wurde 1405 gefangengenommen.		**X**
e) Er bekam eine Gefängnisstrafe von fünf Jahren.		**X**

c) Die Hanse wehrte sich erfolgreich gegen die Seeräuber ab April 1400

d) Klaus Störtebeker wurde 1401 gefangengenommen.

e) Als Strafe wurde er hingerichtet.

Aufgabe 2: Einer Legende nach soll der Bürgermeister von **Hamburg** versprochen haben, alle Männer am Leben zu lassen, an denen Störtebeker nach seiner **Enthauptung** vorbeiginge. An **elf** Männern konnte der Geköpfte vorbeigehen, bis er tot zusammenbrach. Nach dem Sturz des Piraten brach der Bürgermeister sein **Versprechen** und alle 73 Seeräuber wurden enthauptet.

Störtebeker-Denkmal in Hamburg

KOHL VERLAG Stationenlernen DIE HANSE

Kriege der Hanse

Im Laufe der Jahre verstrickte sich die Hanse immer wieder in Kriege, obwohl sie in erster Linie ein wirtschaftlicher Verbund war. Solche Kriege wurden geführt, wenn Herrscher der Länder, mit denen die Hanse Handel betrieb, deren Privilegien nicht mehr anerkannten oder ignorierten. Allerdings kosteten diese Kriege viel Geld, daher lehnten einige Mitglieder diese ab, was zu Unstimmigkeiten führte.
1361 kam es beispielsweise zum Krieg der Hanse mit dem dänischen König Waldemar, der die Rechte und die Vormachtstellung der Hanse in Nord- und Ostsee einschränken wollte. Der siegreiche Ausgang dieses Kriegs brachte der Hanse mit dem Frieden von Stralsund 1370 eine ungewöhnliche Machtstellung: Die Königswahl in Dänemark wurde abhängig gemacht von der Zustimmung der Hanse. Diese Option wurde allerdings von der Hanse nicht wahrgenommen.
Der Versuch des dänischen Königs Erich VII., Skandinavien aus der Abhängigkeit der Hanse durch die Einführung des Sundzolls zu lösen, führte 1426 bis 1435 zu einem neuen Krieg, dem Dänemark wieder unterlag.
Auch gegen Piraten ging man entschiedener vor. Zwischen 1400 und 1402 wurden so Klaus Störtebeker und Gödeke Michels von den Vitalienbrüdern besiegt und in Hamburg hingerichtet.
Die wohl verheerendste kriegerische Entwicklung für die Hanse und für ganz Europa war der Ausbruch des Dreißigjährigen Krieges (1618 bis 1648). Im Zuge des Krieges wurden zahlreiche Hansestädte zerstört und die Lager der Kaufleute geplündert.

Aufgabe 1: *Verbinde, was zusammengehört.*

1361		Dänisch-Hanseatischer Krieg
1370		Sieg gegen die Vitalienbrüder
1426-1435		Frieden von Stralsund
1402		Erster Waldemarkrieg
1618-1648		Dreißigjähriger Krieg

Aufgabe 2: *Löse das Rätsel.*

a) *Ein sehr bekannter Seeräuber hieß … .*
b) *Zahlreiche Hansestädte wurden im Dreißigjährigen Krieg … .*
c) *1361 führte die Hanse einen Krieg mit dem dänischen König … .*
d) *Weil die Kriege teuer waren, … einige Mitglieder der Hanse diese ab.*
e) *Von wem war ab 1370 die Königswahl in Dänemark abhängig?*
f) *Der Krieg gegen König Waldemar endete mit dem Frieden von … .*
g) *König Erich VII. von Skandinavien erließ welche Vorschrift?*
h) *Von 1618 bis 1648 gab es in Europa einen Krieg. Er wurde später wie genannt?*
i) *Im Laufe der Jahre verstrickte sich die Hanse immer wieder in?*
j) *Wer machte die Gewässer der Nord- und Ostsee unsicher?*

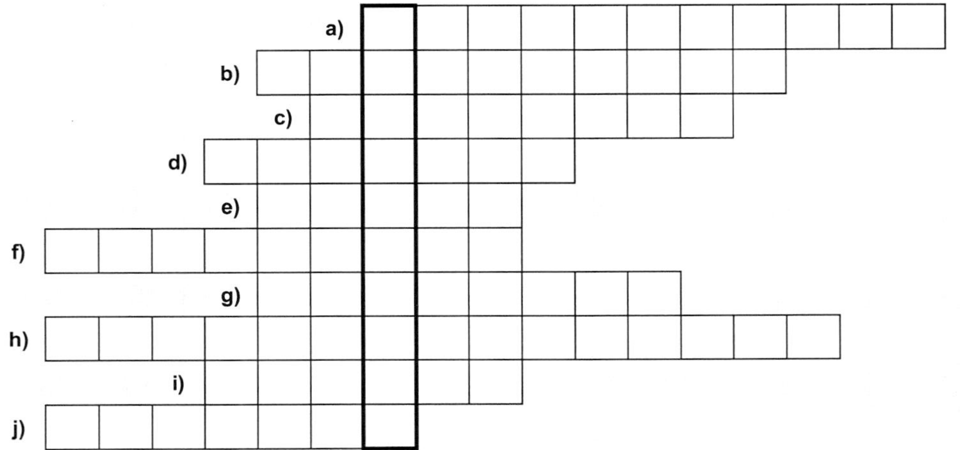

KOHL VERLAG Stationenlernen DIE HANSE Sekundarstufe – Bestell-Nr. 12 959

Kriege der Hanse

Lösungen

Aufgabe 1:

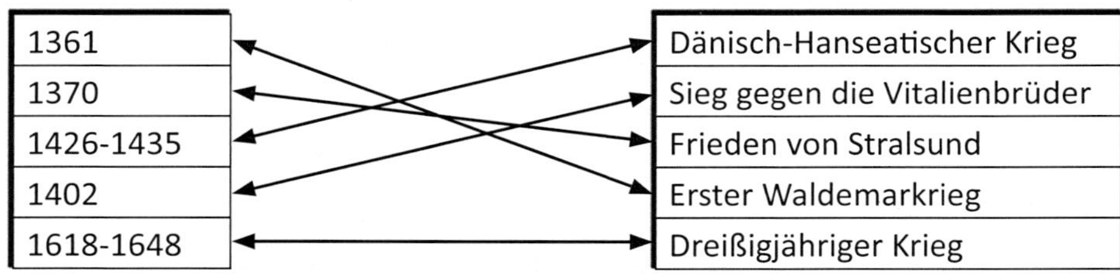

Aufgabe 2:

a)							S	T	Ö	R	T	E	B	E	K	E	R
b)					G	E	P	L	Ü	N	D	E	R	T			
c)						W	A	L	D	E	M	A	R				
d)				L	E	H	N	T	E	N							
e)					H	A	N	S	E								
f)	S	T	R	A	L	S	U	N	D								
g)					S	U	N	D	Z	O	L	L					
h)	D	R	E	I	ß	I	G	J	Ä	H	R	I	G	E	R		
i)				K	R	I	E	G	E								
j)	P	I	R	A	T	E	N										

Erster und Zweiter Waldemarkrieg 1361-1370

!

Der Erste Waldemarkrieg war ein Krieg zwischen Dänemark unter seinem König Waldemar IV. und den norddeutschen Hansestädten unter Führung Lübecks. Er wird auch als Erster Hansekrieg bezeichnet, obwohl er nicht die erste militärische Auseinandersetzung zwischen Dänemark und den Hansestädten war. Der dänische König Waldemar IV. hatte sein Land von der Fremdherrschaft durch Holstein, Mecklenburg und Schweden befreit. Danach betrieb er eine umfassende Expansionspolitik im Ostseeraum, deren Ziel es war, dort die Vorherrschaft zu erringen. Er eroberte Schonen 1360 im Süden Schwedens und Visby auf Gotland 1361. Dann entzog er der Hanse hier ihre Privilegien, was zu einer starken Einschränkung ihres Handels führte. Die Hanse erklärte ihm daraufhin im September 1361 den Krieg.
Zwölf Wochen lang belagerte das Heer der Hanse Helsingborg (in der Provinz Schonen), ohne dass die versprochene Hilfe aus Schweden oder Norwegen kam, schließlich wurde es geschlagen. Ein Waffenstillstand wurde vereinbart, aber Dänemark behinderte weiterhin sehr den Handel der Hanse.
Im April 1368 kam es zum Zweiten Waldemarkrieg, der im September 1369 mit der Einnahme von Helsingborg endete. 1370 wurde ein Friedensvertrag geschlossen. Dieser führte dazu, dass die Hanse wieder ihre uneingeschränkte Macht im Ostseeraum bekam.

Aufgabe 1: *Häufig waren Mitglieder der Hanse gegen Kriege. Kannst du dir vorstellen, warum?*

Aufgabe 2: *Richtig oder falsch? Kreuze an und korrigiere.*

	Richtig	Falsch
a) Der Expansionsdrang des dänischen Königs bedrohte den Handel der Hansestädte sehr, so griffen sie zum äußerten Mittel, nämlich dem Krieg.		
b) Der erste Krieg mit dem Dänenkönig Waldemar war die erste Auseinandersetzung zwischen Dänemark und der Hanse.		
c) Waldemar versuchte die die Vorherrschaft im Ostseeraum zu erringen.		
d) Nachdem er Visby auf Gotland erobert hatte, entzog er der Hanse hier ihre besonderen Handelsrechte.		
e) Aufgrund der so entstandenen Einschränkungen ihres Handels erklärte ihm die Hanse 1362 den Krieg.		
f) Die Belagerung von Helsingborg durch die Hanse führte schließlich zu ihrer Niederlage.		
g) Im zweiten Krieg gegen Waldemar wurde Helsingborg durch die Hanse eingenommen.		
h) Durch den 1370 geschlossenen Friedensvertrag erhielt Dänemark die meisten seiner Privilegien im Ostseeraum zurück.		

KOHL VERLAG Stationenlernen DIE HANSE Sekundarstufe – Bestell-Nr. 12 959

Erster und Zweiter Waldemarkrieg 1361-1370

Lösungen

Aufgabe 1: Kriege kosteten viel Geld, z. B. mussten die Soldaten und deren Ausrüstung bezahlt werden, das dann fehlte, um z. B. neue Handelsverträge mit Fürsten und Herzögen abzuschließen, die sich diese Privilegien für die Hanse natürlich bezahlen ließen. So waren häufig Mitgliedsstädte gegen eine Kriegführung.

Aufgabe 2:

	Richtig	Falsch
a) Der Expansionsdrang des dänischen Königs bedrohte den Handel der Hansestädte sehr, so griffen sie zum äußerten Mittel, nämlich dem Krieg.	**X**	
b) Der erste Krieg mit dem Dänenkönig Waldemar war die erste Auseinandersetzung zwischen Dänemark und der Hanse.		**X**
c) Waldemar versuchte die die Vorherrschaft im Ostseeraum zu erringen.	**X**	
d) Nachdem er Visby auf Gotland erobert hatte, entzog er der Hanse hier ihre besonderen Handelsrechte.	**X**	
e) Aufgrund der so entstandenen Einschränkungen ihres Handels erklärte ihm die Hanse 1362 den Krieg.		**X**
f) Die Belagerung von Helsingborg durch die Hanse führte schließlich zu ihrer Niederlage.	**X**	
g) Im zweiten Krieg gegen Waldemar wurde Helsingborg durch die Hanse eingenommen.	**X**	
h) Durch den 1370 geschlossenen Friedensvertrag erhielt Dänemark die meisten seiner Privilegien im Ostseeraum zurück.		**X**

b) Falsch, es gab auch schon vorher militärische Auseinandersetzung zwischen Dänemark und Hansestädten.

e) Falsch, es war Ende 1361

h) Falsch, die Hanse bekam wieder ihre uneingeschränkte Macht im Ostseeraum.

Dänisch-Hanseatischer Krieg 1426-1435

!

Zu Beginn des 15. Jahrhunderts hatten sich die holländischen Hafenstädte von der Hanse gelöst und begannen, der Hanse das Monopol im Ostseehandel streitig zu machen. Vertrauend auf die vereinte Stärke der drei nordischen Königreiche beabsichtigte der dänische König Erik VII. von dieser Schwächung der Hanse zu profitieren und ihre Vorrechte abzuschaffen. Zu diesem Zweck ließ er an der schmalsten Stelle bei Helsingør eine Zollfestung errichten und ab 1426 von Hanseschiffen den Sundzoll erheben. Die Hanse verhängte im Gegenzug eine Handelssperre über alle dänischen, schwedischen und norwegischen Häfen, die sie mit Hilfe einer Seeblockade durchzusetzen begann. In der Nord- und Ostsee kam es schließlich zu einem intensiven Seekrieg der Hanse mit Erik VII.

Um den Krieg rasch zu beenden, plante die Hanse die Eroberung Kopenhagens und die Vernichtung der im Hafen liegenden dänisch-schwedischen Flotte, was ihr aber erst im Juni 1428 gelang. Die hanseatische Blockade und Plünderung der skandinavischen Häfen brachte deren Exporte zum Erliegen und löste auch im schwedischen Hinterland eine Wirtschaftskrise aus.

Schließlich einigten sich Dänemark und die Hanse auf den Frieden von Vordingborg (1435). Der Sundzoll blieb zwar erhalten, aber die Hanse wurde an ihm beteiligt.

1439 kam es zum Sturz von Erik VII.

Aufgabe 1: *Zeichne auf der Karte ein, an welcher Stelle Hanseschiffe Sundzoll bezahlen mussten.*

Aufgabe 2: *Wie reagierte die Hanse auf die Verhängung des Sundzolls?*

Aufgabe 3: *Der folgenden Text fasst das Wichtigste zum Dänisch-Hanseatischen Krieg zusammen. Fülle die Lücken.*

Der Dänisch-Hanseatische Krieg von 1426 bis ______________ war ein militär- und wirtschaftspolitischer Konflikt zwischen der von Dänemark dominierten Kalmarer Union und der ______________. Hauptgrund war die Einführung des ______________ durch Dänemark. Der Krieg endete mit der Niederlage ______________. Der ______________ von Vordingborg regelte die künftige Beteiligung der Hanse am Sundzoll.

Dänisch-Hanseatischer Krieg 1426-1435

Lösungen

Aufgabe 1:

Aufgabe 2: Durch eine Seeblockade verhängte die Hanse eine Handelssperre über alle dänischen, schwedischen und norwegischen Häfen. So konnten dort keine Waren mehr importiert oder exportiert werden, was im schwedischen Hinterland eine Wirtschaftskrise auslöste. Auch wurden die dortigen Häfen teilweise geplündert.

Aufgabe 3: Der Dänisch-Hanseatische Krieg von 1426 bis 1435 war ein militär- und wirtschaftspolitischer Konflikt zwischen der von Dänemark dominierten Kalmarer Union und der Hanse. Hauptgrund war die Einführung des Sundzolls durch Dänemark. Der Krieg endete mit der Niederlage Dänemarks. Der Frieden von Vordingborg regelte die künftige Beteiligung der Hanse am Sundzoll.

Stationenlernen DIE HANSE

Wachsende Konkurrenz für die Hanse

!

1492 entdeckte Christoph Kolumbus Amerika und brachte eine Vielzahl von neuartigen Gütern mit nach Europa. Im Laufe der nächsten Jahrzehnte stiegen immer mehr Kaufleute in den interkontinentalen Handel zwischen Europa und Amerika ein, um die hohe Nachfrage der Bevölkerung nach den neuen Waren aus der Fremde abzudecken.

Die Hanse beteiligte sich jedoch nicht an den interkontinentalen Geschäften und machte so ungewollt Platz für neue Handelsgesellschaften, die genau dies taten. So zum Beispiel das süddeutsche Kaufmannsgeschlecht der Fugger, deren Handelsgesellschaft bald zu den einflussreichsten der Welt zählen sollte.

Doch nicht nur der Handel zwischen den Kontinenten nahm zu, sondern auch der in Europa, speziell über Nord- und Ostsee. So stärkte beispielsweise England zunehmend den eigenen nationalen und lokalen Handel und sagte sich so Stück für Stück von der Hanse los, die lange Zeit die Handelsrechte in den dortigen Häfen innehatte.

Christoph Kolumbus, 1519

Auch die Niederlande verfuhren so und wurden zu einem der größten Konkurrenten der Hanse. Im 16. Jahrhundert verlor sie nämlich ihre führende Position im Schiffbau an die Niederländer. Durch starke Rationalisierung, z. B. genormte Bauteile, erwarb sich der holländische Schiffbau eine Spitzenstellung. In der Folge war es auch dieser technologische Rückstand, der verhinderte, dass die Hanse am sich entwickelnden globalen Seehandel teilhaben konnte.

Dies führte immer wieder zu internen Spannungen zwischen den Hansestädten und Streit um das weitere Vorgehen. Während jene, die nahe an den Niederlanden waren und so direkt von der Handelskonkurrenz betroffen waren, ein hartes Vorgehen forderten, hielten sich die fernabgelegenen Städte eher zurück.

Allgemein nahmen die individuellen Interessen der Mitglieder immer mehr zu und auch die einzelnen Hansestädte versuchten in erster Linie ihre eigenen Anliegen durchzusetzen.

Aufgabe 1:

a) *Was versteht man unter interkontinentalem Handel?*

b) *Welche Waren wurden vor allem aus Amerika importiert? Löse den Buchstabensalat auf.*

1. *kuorhzcreR* **2.** *mRu* **3.** *meollauwB*

4. *baTka* **5.** *aKeffe* **6.** *aokaK*

Aufgabe 2:

a) *Welcher neue Konkurrent entstand der Hanse Mitte des 15. Jahrhunderts?*

b) *Die Niederlande entwickelten sich zu einem weiteren Konkurrenten der Hanse. Warum war die Hanse nicht in der Lage, sich gegen die Niederlande zu behaupten?*

Wachsende Konkurrenz für die Hanse

Lösungen

Aufgabe 1:

a) Der Begriff interkontinentaler Handel bezeichnet den Handel zwischen zwei unterschiedlichen Kontinenten. Wenn also eine Firma Waren von Europa nach Amerika verschickt, so betreibt sie interkontinentalen Handel.

b) **1.** Rohrzucker, **2.** Rum, **3.** Baumwolle, **4.** Tabak, **5.** Kaffee, **6.** Kakao

Aufgabe 2:

a) Die Augsburger Unternehmerfamilie Fugger errichtete ab dem 15. Jahrhundert den ersten weltumspannenden Konzern der Wirtschaftsgeschichte, quasi den ersten Global Player. Sie waren unvorstellbar reich und machten sich Kaiser und Könige zu Verbündeten, indem sie ihnen Geld liehen. Um die Mitte des 15. Jahrhunderts betrieben sie auch Handel zwischen den deutschen Hansestädten, Antwerpen und London, Mailand und Venedig, Leipzig und Frankfurt a. d. Oder und wurden so zu Konkurrenten der Hanse.

b) Die Länder, die an die Niederlande angrenzten, erlitten durch die Konkurrenz zu diesen ziemliche Verluste im Handel und hätten es gerne gesehen, wenn die Hanse Sanktionen verhängt hätte. Die fernabgelegenen Städte, die vom Vorgehen der Niederlande wenig betroffen waren, waren aber meist gegen Sanktionen. Diese unterschiedlichen Interessen führten zu internen Spannungen zwischen den Hansestädten und so erfolgten wenige Sanktionen gegenüber den Niederlanden.

Christoph Kolumbus, 1519

Die Fugger

!

Um das Jahr 1500 erhielt die Hanse einen Konkurrenten, das Handelshaus Fugger aus Augsburg. Die Fugger hatten als kleine Weberei begonnen und waren durch den Baumwollhandel mit Italien reich geworden. Als Jakob Fugger das Unternehmen übernahm, investierte er in den Erzbergbau und handelte mit Silber und Kupfer. Immer neue Geschäftsbereiche kamen hinzu und so wurden die Fugger innerhalb weniger Jahrzehnte das reichste und erfolgreichste Handelsunternehmen Europas. Die Fugger wurden bald zu einem ernsthaften Konkurrenten der Hanse, indem sie Niederlassungen in den Hansestädten eröffneten, z. B. in Lübeck, Danzig, Hamburg und dann viele weitere in Mittel- und Nordeuropa. Außerdem waren sie als Bankhaus mit ihren Kreditgeschäften überaus erfolgreich. Als der Seehandel mit Amerika und Asien begann, eröffnete Fugger in Antwerpen eine Filiale. Er kaufte die dort angelandeten Schiffladungen auf, vor allem Gewürze wie Nelken, Pfeffer und Zimt, die er dann zu Höchstpreisen an der Antwerpener Börse weiterveräußerte. Die Fugger liehen auch Fürsten, Königen, Kaisern und Päpsten hohe Geldsummen, so machten sie diese von ihrem Unternehmen abhängig.

Portrait des Jakob Fugger, Albrecht Dürer (um 1519)

Als Jakob Fugger im Jahr 1525 starb, vererbte er, da er keine Kinder hatte, sein gesamtes Vermögen an seinen Neffen Anton, der die Leitung des Unternehmens weiterführte.

Die Fugger hatten sich allerdings inzwischen finanziell zu eng an die europäischen Königshäuser gebunden und sich damit auch von deren Schicksal abhängig gemacht. Als 1557 das spanische Königshaus, das bei den Fuggern hochverschuldet war, zahlungsunfähig wurde, begann der langsame Niedergang des Fugger-Imperiums.

Aufgabe 1: *Wodurch wurde Jakob Fugger so erfolgreich? Zähle in Stichpunkten auf.*

Aufgabe 2: *Setze im Text die Wörter an die richtigen Stellen.*

Gulden – Bürgern – unfaire – Unternehmer – Augsburg – Sozialsiedlung – unverschuldet

Jakob Fugger wurden zunehmend _______________ Geschäftspraktiken vorgeworfen. Um seinen guten Ruf zu sichern, kaufte er ab 1516 in _______________ nach und nach mehrere Häuser, die er umbauen ließ. Sie durften von _______________ bewohnt werden, die _______________ in Not geraten waren. Sie mussten im Jahr nur einen _______________ Miete bezahlen, was 88 Cent entspricht. So entstand die erste _______________ der Geschichte, genannt die Fuggerei. Ihre Bewohner mussten sich im Gegenzug dazu verpflichten, dreimal täglich für das Seelenheil der Fuggerfamilie zu beten. Mit der Fuggerei präsentierte sich Jakob Fugger als sozial engagierter _______________. Es gibt sie noch heute, seit nunmehr über 500 Jahren. Die Mieterinnen und Mieter müssen immer noch nur 88 Cent Miete im Jahr zahlen.

KOHL VERLAG Stationenlernen DIE HANSE Sekundarstufe – Bestell-Nr. 12 959

Die Fugger

Lösungen

Aufgabe 1:

- Investition und Handel in unterschiedlichen Geschäftsbereichen (Erzbergbau, Gewürzhandel)
- Eröffnung von Niederlassungen in ganz Europa u. a. in Antwerpen
- Kreditgeschäfte
- Handel an der Börse

Aufgabe 2:

Jakob Fugger wurden zunehmend unfaire Geschäftspraktiken vorgeworfen. Um seinen guten Ruf zu sichern, kaufte er ab 1516 in Augsburg nach und nach mehrere Häuser, die er umbauen ließ. Sie durften von Bürgern bewohnt werden, die unverschuldet in Not geraten waren. Sie mussten im Jahr nur einen Gulden Miete bezahlen, was heute 88 Cent entspricht. So entstand die erste Sozialsiedlung der Geschichte, genannt die Fuggerei. Ihre Bewohner mussten sich im Gegenzug dazu verpflichten, dreimal täglich für das Seelenheil der Fuggerfamilie zu beten. Mit der Fuggerei präsentierte sich Jakob Fugger als sozial engagierter Unternehmer. Es gibt sie noch heute, seit nunmehr über 500 Jahren. Die Mieterinnen und Mieter müssen immer noch nur 88 Cent Miete im Jahr zahlen.

Von Jakob Fugger gestiftete Sozialsiedlung "Fuggerei"

KOHL VERLAG Stationenlernen DIE HANSE

Gründe für den Zerfall der Hanse I !

Die Blütezeit der Hanse reichte bis zum Anfang des 15. Jahrhundert, dann war das Wirtschaftsbündnis vom Niedergang betroffen. Mit dem Ende des Dreißigjährigen Krieges war die Hanse praktisch verschwunden. Der letzte Hansetag fand im Jahr 1669 statt. Zuletzt gehörten nur noch Lübeck, Hamburg und Bremen dem Bund an. Formell wurde das Wirtschaftsbündnis aber nie ganz aufgelöst.

Die Hauptgründe für den Zerfall der Hanse waren:

- Die Handelsströme verlagerten sich u. a. durch die Entdeckung von Amerika auf das Mittelmeer, den Atlantik und den Indischen Ozean.
- Die Konkurrenz durch weltweit agierende Handelsunternehmen wie die Fugger und die Medici wurde immer größer.
- Die Engländer und Holländer drängten verstärkt in den Wirtschaftsraum der Ostsee vor, so bekam die Hanse weitere Konkurrenz.
- Es kam immer häufiger zu internen Unstimmigkeiten, Spannungen und Zerwürfnissen zwischen den Hansestädten.
- Die anhaltenden Kriegshandlungen waren sehr kostspielig und zehrten die militärische Kraft der Hanse auf.
- Die Fürsten und Herzöge in den wirtschaftlich von der Hanse dominierten Ländern versuchten immer häufiger, die der Hanse gewährten Privilegien zu entziehen und sie für sich selbst zu nutzen.
- Durch den Rückgang der Vorkommen an Heringen reduzierte sich ein wichtiges Handelsgut.

Aufgabe 1: *Kreuze die richtige Antwort an.*

a) *Welche Städte gehörten der Hanse bis zuletzt an?*

○ *Lübeck, Bremen, Rostock, Wismar*
○ *Hamburg, Danzig, Königsberg*
○ *Lübeck, Hamburg, Bremen*

b) *Wohin verlagerten sich die Handelsströme nach der Entdeckung Amerikas?*

○ *England, aufs Mittelmeer, den Atlantik und den Indischen Ozean.*
○ *Auf die Nordsee, den Atlantik und die Küsten Afrikas.*
○ *Den Indischen Ozean und das Mittelmeer.*

c) *Welche Länder wurden zu starken Konkurrenten der Hanse?*

○ *England, Dänemark, Norwegen*
○ *Russland, Norwegen, England*
○ *England, Holland*

d) *Welche Folgen ergaben sich für die Hansestädte durch ihre Konkurrenten?*

○ *Etliche Hansestädte verarmten.*
○ *Es kam häufiger zu internen Spannungen und Zerwürfnissen.*
○ *Die Hansestädte schlossen sich noch enger zusammen.*

Aufgabe 2: *Einer der Gründe für den Niedergang der Hanse war die Verlagerung der Handelsströme auf das Mittelmeer, den Atlantik und den Indischen Ozean. Überlege dir, warum die Hanse hier nicht mithalten konnte.*

KOHL VERLAG Stationenlernen DIE HANSE Sekundarstufe – Bestell-Nr. 12 959

Gründe für den Zerfall der Hanse I

Lösungen

Aufgabe 1:

a) Lübeck, Hamburg, Bremen

b) England, aufs Mittelmeer, den Atlantik und den Indischen Ozean.

c) England, Holland

d) Es kam häufiger zu internen Spannungen und Zerwürfnissen.

Aufgabe 2: Die Hanse war primär ein Bund norddeutscher Städte und hatte so wenig Kontakte zu Städten an diesen Meeren bzw. Partner dort für Handelsbeziehungen. Sie erkannte auch nicht rechtzeitig, wie bedeutsam sich bald der Handel mit Amerika entwickelte. Die Handelsunternehmen der Fugger hingegen agierten weltweit und hatten bald die Vormachtstellung im Handel mit Amerika. Auch fehlte der Hanse das Geld, um sich bei den neuen Handelsströmen zu engagieren oder mit den sehr reichen Fuggern in Konkurrenz zu treten, denn die Auseinandersetzungen des Dreißigjährigen Krieges hatten viel Geld gekostet.

Wappen der altmärkischen Hansestädte am Rathaus Gardelegen

KOHL VERLAG Stationenlernen DIE HANSE Sekundarstufe ▪ Bestell-Nr. 12 959

Gründe für den Zerfall der Hanse II

!

Diese Ursachen führten letztlich dazu, dass der Einfluss der Hanse in vielen Staaten nicht mehr geduldet wurde, Handelsprivilegien der Hanse wurden eingeschränkt oder gar abgeschafft.

Die dänische Krone beispielsweise führte 1429 Zölle für durchfahrende Schiffe ein. Der russische Herrscher Zar Iwan III. ging 1494 gar so weit, das Hansekontor in Nowgorod vollständig zu schließen.

Auch technische Innovationen trugen zum Niedergang der Hanse bei. Viele Jahre lang mussten Schiffe auf ihren Reisen Zwischenstopps in Hansestädten oder Stützpunkten der Hanse machen, da die Fahrten entsprechend lange dauerten, wovon die Hanse profitierte. Doch durch die Erfindung von schnelleren Schiffen oder auch dem Kompass war es nun möglich, sehr viel schneller und auf direktem Wege an das Ziel zu gelangen. Viele Stützpunkte der Hanse wurden jetzt als Zwischenhäfen nicht mehr gebraucht.

Als Konstrukt des Mittelalters war die Hanse als der Bund der Kaufleute und Städte dem wirtschaftlichen und politischen Aufbruch Europas in die Moderne nicht länger gewachsen.

Zar Iwan III. der Große

Aufgabe 1: *Kreuze die richtige Antwort an.*

a) *Wie agierten die Fürsten und Herzöge in den wirtschaftlich von der Hanse dominierten Ländern?*

◯ *Sie zwangen die Hanse, über gewährte Privilegien mit ihnen neu zu verhandeln.*

◯ *Sie versuchten immer häufiger, der Hanse gewährte Privilegien ihr zu entziehen.*

◯ *Sie entzogen der Hanse noch Privilegien und nutzten sie für sich selbst.*

b) *Welche Hansekontore wurden geschlossen?*

◯ *Das Hansekontor in Nowgorod.*

◯ *Das Hansekontor in London.*

◯ *Das Hansekontor in Bergen.*

c) *Nenne den Grund, warum Schiffe auf ihren Reisen nun kaum noch Zwischenstopps in Stützpunkten der Hanse machten.*

◯ *Durch die Erfindung des Kompasses konnten die Koggen nun genau navigieren und brauchten so keine Zwischenstopps mehr machen.*

◯ *Die Handelsrouten hatten sich auf die Landwege verlagert.*

◯ *Durch die Erfindung von schnelleren Schiffen bzw. dem Kompass konnten die Schiffe auf direktem Wege an ihr Ziel gelangen.*

Aufgabe 2: **a)** *Nenne zwei Handelsprivilegien der Hanse, die ihr im 14. Jahrhundert durch zwei Könige entzogen wurden.*

b) *Welche technische Neuerung trug auch zum Niedergang der Hanse bei?*

KOHL VERLAG Stationenlernen DIE HANSE Sekundarstufe – Bestell-Nr. 12 959

Gründe für den Zerfall der Hanse II

Lösungen

Aufgabe 1:

a) Sie entzogen der Hanse gewährten Privilegien und nutzten sie für sich selbst.

b) Das Hansekontor in Nowgorod.

c) Durch die Erfindung von schnelleren Schiffen bzw. dem Kompass konnten die Schiffe auf direktem Wege an ihr Ziel gelangen.

Aufgabe 2:

a) Der dänische König führte 1429 Zölle für durchfahrende Schiffe ein. Der russische Zar Iwan III. ließ 1494 das Hansekontor in Nowgorod vollständig schließen.

b) Im Laufe der Zeit entwickelte man Schiffe, die schneller ihr Ziel erreichen konnten. So brauchten sie keine Zwischenstopps mehr in Hansestädten oder Stützpunkten der Hanse einlegen. Daher wurden viele ihrer Stützpunkte, die zuvor als Zwischenhäfen gedient hatten, jetzt nicht mehr gebraucht.

Zar Iwan III. der Große

Exkurs: Dreißigjähriger Krieg

!

Der Dreißigjährige Krieg von 1618 bis 1648 war ein weiterer Grund für den Niedergang der Hanse. Er fand vor allem in Deutschland statt, das damals aus vielen großen und kleinen Ländern bestand. Vordergründig ging es in dem Krieg darum, ob die Fürsten und Herzöge bestimmen durften, welche Religion ihre Untertanen anzunehmen hatten, denn seit der Reformation 1517 stehen sich nun zwei Konfessionen gegenüber, Katholiken und Protestanten. Es ging aber nur bedingt darum, dass die Herrscher ihren Glauben durchsetzen wollten. Sie kämpften vor allem um Macht, Einfluss und neue Gebiete, die sie sich aneignen wollten. Auch Frankreich, Dänemark und Schweden wollten neue Gebiete erobern. Darum schickten sie Soldaten nach Deutschland. Besonders betroffen vom Krieg waren Norddeutschland, Niedersachsen, Mitteldeutschland, das Gebiet des heutigen Hessen und Bayern.

Dieser Krieg war sehr kostspielig und die Armeen gingen dazu über, die Bevölkerung auszubeuten. Je länger der Krieg dauerte, desto brutaler wurde die Ausbeutung. Wenn in einem Gebiet nichts mehr zu holen war, musste die Armee weiterziehen. Deshalb waren die Soldaten auch ständig unterwegs zum Schrecken der Bevölkerung, die unendliches Leid erdulden musste.

Für den Handel der Hanse bedeutete das, dass einer immer ärmer werdenden Bevölkerung natürlich immer weniger Waren verkauft werden konnten, die Gewinne zurückgingen und die Waren auch immer problematischer transportiert werden konnten, gab es doch fast überall Heere, die diese raubten. Auch wurden Hansestädte geplündert, sodass von diesen aus kein Handel mehr betrieben werden konnte, vor allem auch kein Seehandel mehr.

Aufgabe 1: *War der Dreißigjährige Krieg ein Religionskrieg?*

Aufgabe 2: *Welche Länder waren am Dreißigjährigen Krieg beteiligt? Kreuze an.*

- ◯ *Deutschland*
- ◯ *Finnland*
- ◯ *Russland*
- ◯ *Frankreich*
- ◯ *Dänemark*
- ◯ *Italien*
- ◯ *Portugal*
- ◯ *Schweden*

Aufgabe 3: *Warum war der Dreißigjährige Krieg ein entscheidender Grund für den Niedergang der Hanse?*

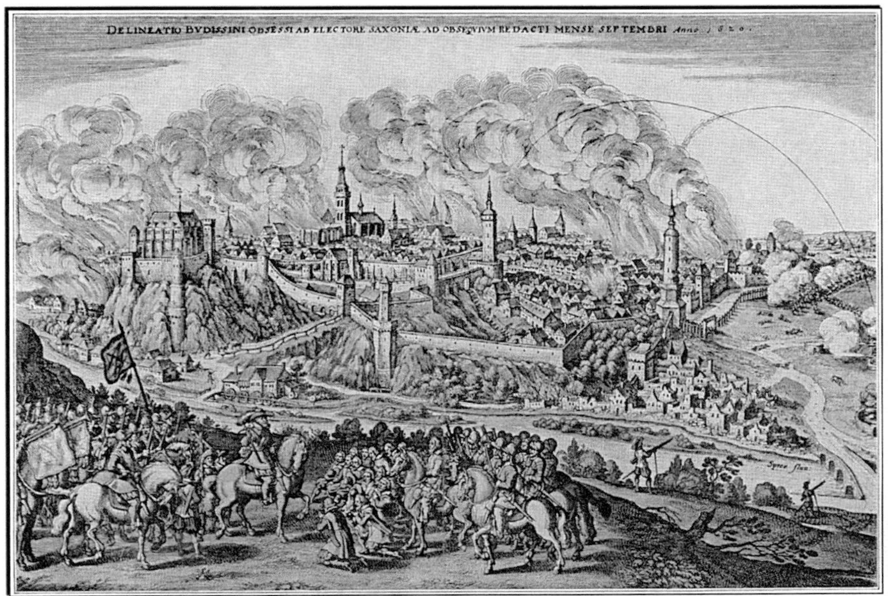

Belagerung von Bautzen 1620, Matthäus Merian

Stationenlernen DIE HANSE
Sekundarstufe – Bestell-Nr. 12 959

Exkurs: Dreißigjähriger Krieg

Lösungen

Aufgabe 1: Vordergründig war dieser Krieg ein Religionskrieg. Aber eigentlich ging es den Herrschern bei dem Krieg um Macht, Einfluss und neue Gebiete, die sie sich aneignen wollten. Dieses Ziel hatten auch Frankreich, Dänemark und Schweden, die daher Soldaten nach Deutschland schickten.

Aufgabe 2: Deutschland, Frankreich, Dänemark, Schweden

Aufgabe 3: Durch die kriegerischen Auseinandersetzungen waren die Handelswege nicht mehr sicher, es kam zu häufigen Überfällen und entsprechenden Verlusten von Waren. Mit der Hanse ausgehandelte Verträge wurden von neuen Herrschern nicht mehr eingehalten. Hansestädte wurden auch im Verlauf des Krieges geplündert und verarmten so.

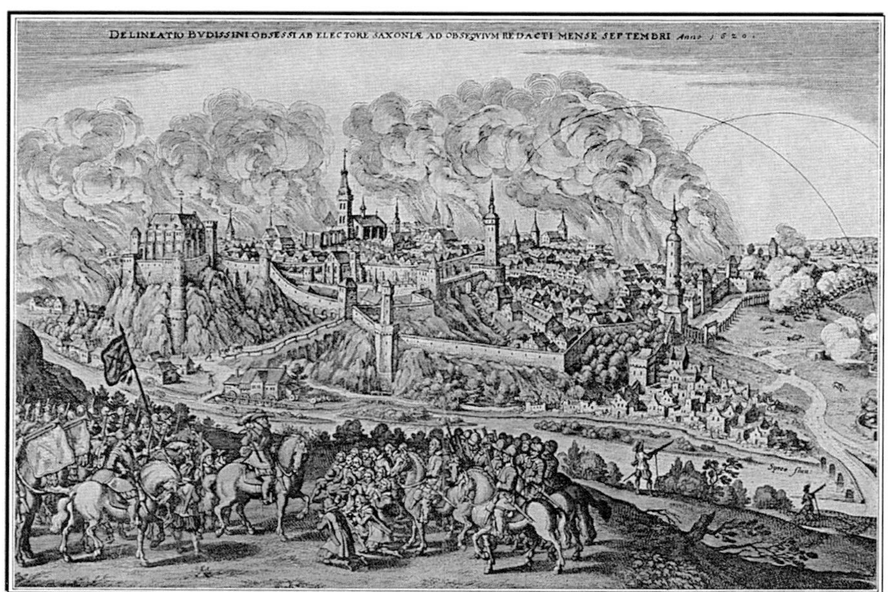

Belagerung von Bautzen 1620, Matthäus Merian

Erfindungen und Entdeckungen und die Folgen für die Hanse

Ab dem zwölften Jahrhundert wurden immer mehr Erkenntnisse über Gebiete außerhalb von Europa gewonnen. Neue, stärkere und schnellere Segelschiffe wurden gebaut, die für die Hochseeschifffahrt geeignet waren und somit in der Lage, nun über die Weltmeere fremde Länder außerhalb Europas zu erreichen. Die Seefahrer hatten auch gelernt, sich besser zu orientieren und zu navigieren, denn es gab nun Seekarten. Als Hilfsmittel dienten ihnen dabei u. a. Kompass, Fernrohr, Jakobsstab (= ein astronomisches Instrument zur Winkelmessung von Sternen, Vorläufer des Sextanten), Stundenglas (= Sanduhr) und Holzlog (zur Bestimmung der Geschwindigkeit).

Die Zeit ab Ende des 15. Jahrhunderts gilt daher als das „Zeitalter der Entdeckungen". Vor allem die Entdeckung Amerikas durch Kolumbus 1492 war hier ein Meilenstein. In der Folgezeit wurden von Europa aus viele weitere Gebiete in Afrika und Asien entdeckt, die bald in Form von Kolonien vor allem von Spanien und Portugal in Besitz genommen wurden. Dort vorhandene Rohstoffe wurden ausgebeutet und nach Europa verschifft. So verlagerten sich die Handelsströme nun von Ost- und Nordsee auf den Atlantik und den Indischen Ozean. Es entstanden bald weltweit agierende Handelsunternehmen wie beispielsweise die Fugger. Die Hanse, geschwächt durch den Dreißigjährigen Krieg, konnte bei dieser neuen Entwicklung des Handels kaum mithalten, was zu ihrem Niedergang beitrug.

Aufgabe 1: *Benenne die neuen Instrumente, die eine bessere Navigation auf hoher See ermöglichten.*

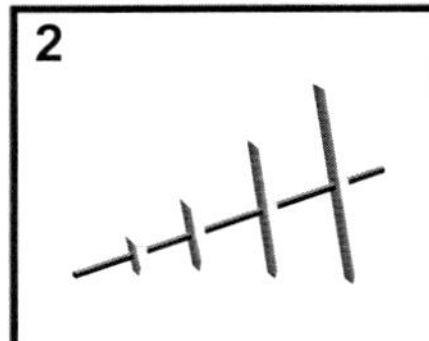

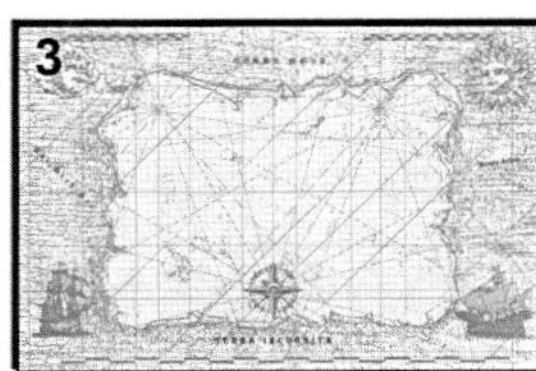

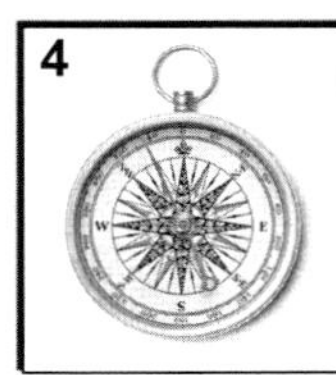

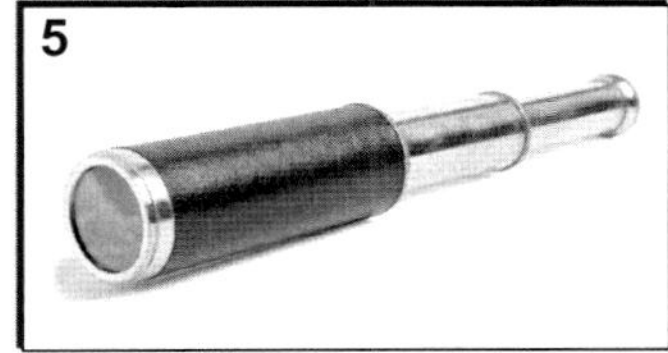

Aufgabe 2: *Kreuze die richtige Antwort an.*

a) *Welche Gebiete auf der Welt wurden von den Seefahrern neu entdeckt?*

- ◯ *Afrika, Australien, Indien*
- ◯ *Afrika, Asien, Amerika*
- ◯ *Asien, Arktis, Neuseeland*

b) *Welche Länder errichteten vor allem in den neu entdeckten Ländern Kolonien?*

- ◯ *England, Dänemark*
- ◯ *Schweden, England*
- ◯ *Spanien, Portugal*

c) *Welche neuen Handelsströme entstanden nun?*

- ◯ *Handelsströme auf dem Indischen Ozean und nach Südamerika.*
- ◯ *Handelsströme auf dem Mittelmeer und dem Atlantik.*
- ◯ *Handelsströme auf dem Atlantik und dem Indischen Ozean.*

d) *Warum führte die Entdeckung der neuen Gebiete in Übersee letztlich zum Niedergang der Hanse?*

- ◯ *Die Hanse war durch den Dreißigjährigen Krieg finanziell geschwächt und konnte so bei dieser neuen Entwicklung des Handels kaum mithalten.*
- ◯ *Die Hanse erkannte nicht, dass sich hier neue Handelsmöglichkeiten ergaben.*
- ◯ *Die Koggen der Hanse waren nicht für den Überseehandel geeignet.*

KOHL VERLAG Stationenlernen DIE HANSE Sekundarstufe – Bestell-Nr. 12 959

Erfindungen und Entdeckungen und die Folgen für die Hanse

Lösungen

Aufgabe 1:

1) Stundenglas (Sanduhr)

2) Jakobsstab

3) Seekarte

4) Kompass

5) Fernglas

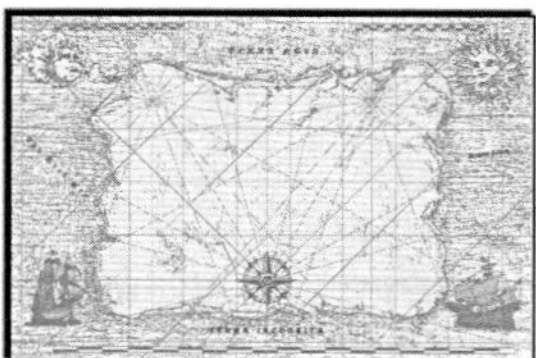

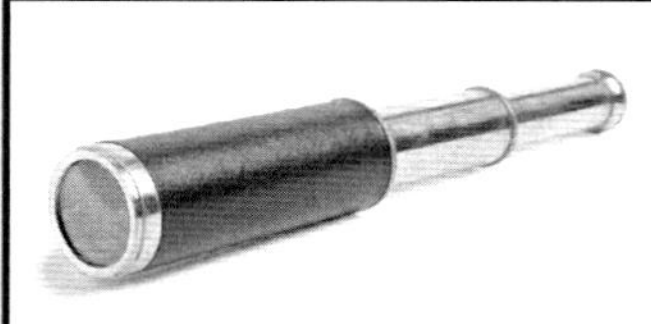

Aufgabe 2:

a) = Afrika, Asien, Amerika

b) = Spanien, Portugal

c) = Handelsströme auf dem Atlantik und dem Indischen Ozean

d) = Die Hanse war durch den Dreißigjährigen Krieg finanziell geschwächt und konnte so bei dieser neuen Entwicklung des Handels kaum mithalten.

Exkurs: Die Entdeckung Amerikas !

Kolumbus landet auf Guanahani (Holzschnitt)

Nachdem Amerika durch Christoph Kolumbus entdeckt worden war, kamen immer mehr europäische Kolonisten in die „Neue Welt“. Die Urbevölkerung wurde gezwungen, in den Bergwerken nach Gold und Silber zu schürfen und auf Plantagen zu arbeiten, um dort Zuckerrohr, Tabak etc. anzubauen. Doch viele der Indios starben durch die unmenschlichen Behandlungen, die harte Arbeit oder an Krankheiten, wie Masern, Pocken und Grippe, die die Europäer einschleppten.

Um die Plantagenwirtschaft aufrechterhalten zu können, wurden Sklaven benötigt. Diese tauschte man in Afrika gegen Produkte wie Kupfer, Metalle und Eisen oder auch einfach nur durch glitzernde Glasperlen. Zusätzlich wurden Textilien für den afrikanischen Markt und mit Wasser gepanschter Schnaps geladen, sowie Schwarzpulver und Feuerwaffen. Die Schiffe fuhren die westafrikanischen Küsten an, wo sie bei Stammesfürsten die mitgeführten Waren gegen Sklaven eintauschten. Die Sklaven aus Afrika wurden dann nach Amerika gebracht und verkauft. Von ihrem Erlös wurden landwirtschaftliche Erzeugnisse wie beispielsweise Baumwolle, Tabak, erworben. Mit diesen Waren beladen segelten die Schiffe nach Europa zurück. Dort wurden sie mit hohem Gewinn verkauft. So entwickelte sich zwischen Europa, Afrika und Amerika ein sogenannter Dreieckshandel. Durch diesen Handel wurden viele Kaufleute sehr reich.

Die Hanse, die ja durch den Osthandel über Nord- und Ostsee mächtig geworden war, verlor nach der Entdeckung Amerikas zunehmend an Bedeutung.

Aufgabe: *Zeichne den Dreieckshandel in der Karte ein und erkläre diesen Begriff mit deinen eigenen Worten.*

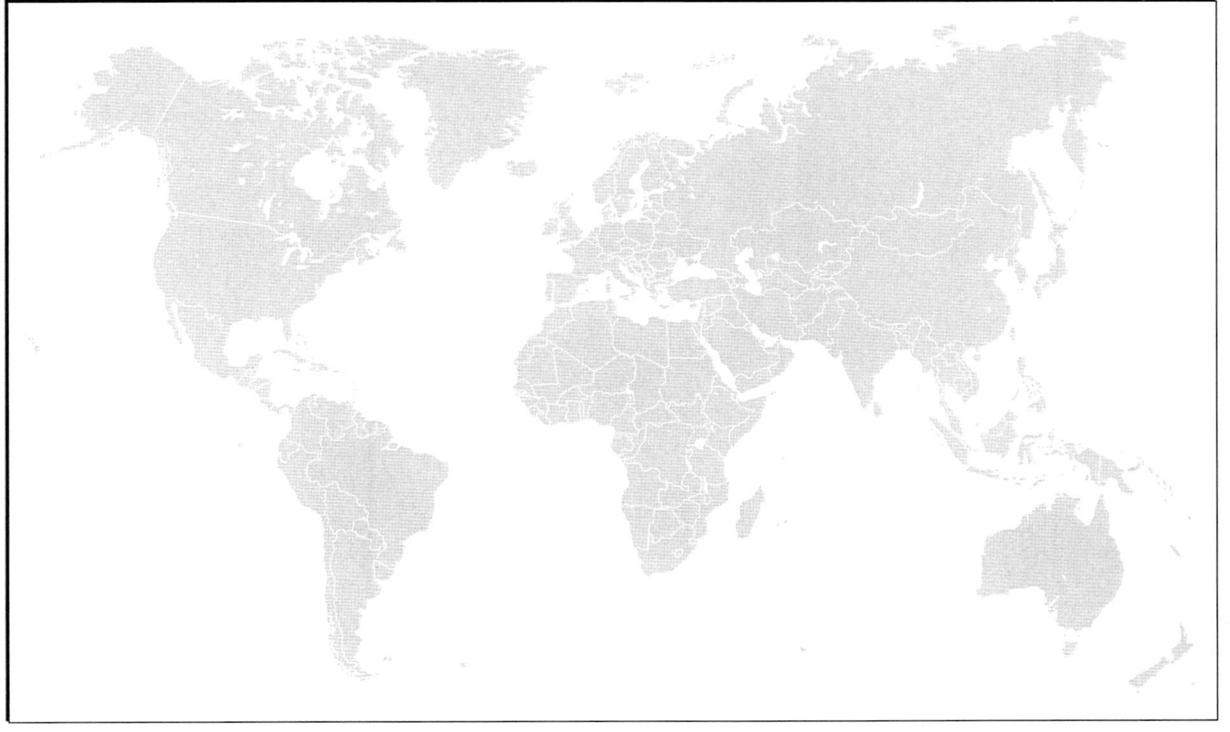

KOHL VERLAG Stationenlernen DIE HANSE Sekundarstufe – Bestell-Nr. 12 959

Exkurs: Die Entdeckung Amerikas

Lösungen

Aufgabe: Mögliche Lösung:

Um in Afrika Sklaven eintauschen zu können, belud man die Schiffe in Europa mit Waffen, Schnaps, Textilien, Metallen. Die Schiffe fuhren dann nach Westafrika, wo sie die mitgeführten Waren gegen Sklaven eintauschten. Diese wurden auf die nunmehr leeren Schiffe verbracht und nach Amerika verschifft. Hier angekommen wurden die Sklaven verkauft und von ihrem Erlös landwirtschaftliche Erzeugnisse wie Rohrzucker, Rum, Baumwolle, Tabak, Kaffee und Kakao etc. erworben. Die Schiffe segelten nun mit diesen Produkten beladen in ihre Heimathäfen zurück, wo die Fracht auf dem europäischen Markt gewinnbringend verkauft wurde.

Geschichtliche Bedeutung der Hanse !

Aufgabe 1: *Fülle die Lücken im Text mit passenden Begriffen aus dem Kasten aus.*

Bürgertums – Steuern – Selbstbewusstsein – länderübergreifenden – Privilegien – Gesellschaft – Kaiser – Wirtschaftswachstum – Adel – Flickenteppich

Die Hanse hatte eine sehr große Bedeutung für die Wirtschaft und das _______________ im Europa des Mittelalters und der frühen Neuzeit. Sie verband zuvor isolierte Handelsmärkte zu einem großen _______________ Handelsnetzwerk und brachte so die europäischen Länder im Nordosten zumindest in wirtschaftlicher Hinsicht näher zusammen.

Neben ihren Geschäften beeinflusste die Hanse aber auch die mittelalterliche _______________ nachhaltig. Durch ihre enorme Wirtschaftskraft und den erfolgreichen Handel wurden viele Kaufleute reich. Dadurch stieg das _______________ der Handeltreibenden und sie konnten sich zunehmend in wirtschaftlicher und politischer Hinsicht gegenüber dem herrschenden _______________ behaupten. Die Hansemitglieder wurden zu einem entscheidenden Machtfaktor und prägten die Entstehung des _______________, einer neuen Gesellschaftsschicht.

Diese neue Gesellschaftsschicht der Städte koordinierte ihre Interessen und nahm den örtlichen Machthabern _______________ und Rechte ab. Oder sie kauften sich für große Summen besondere Genehmigungen und Vorrechte direkt beim deutschen _______________. Dadurch wurden sie „reichsunmittelbar", sie unterstanden rechtlich nun allein dem Kaiser. Ansprüche seitens der Landesfürsten, das Deutsche Reich war damals ja ein _______________ unterschiedlicher Fürsten- und Herzogtümer, waren damit hinfällig. Zusätzliche Abgaben und _______________ an diese wurden so vermieden.

Aufgabe 2: *Versuche, dich in einen Adligen zur Zeit der Hanse zu versetzen. Was könnte er über die gesellschaftlichen Veränderungen denken?*

KOHL VERLAG Stationenlernen DIE HANSE Sekundarstufe – Bestell-Nr. 12 959

Geschichtliche Bedeutung der Hanse

Lösungen

Aufgabe 1: Die Hanse hatte eine sehr große Bedeutung für die Wirtschaft und das **Wirtschaftswachstum** im Europa des Mittelalters und der frühen Neuzeit. Sie verband zuvor isolierte Handelsmärkte zu einem großen **länderübergreifenden** Handelsnetzwerk und brachte so die europäischen Länder im Nordosten zumindest in wirtschaftlicher Hinsicht näher zusammen.

Neben ihren Geschäften beeinflusste die Hanse aber auch die mittelalterliche **Gesellschaft** nachhaltig. Durch ihre enorme Wirtschaftskraft und den erfolgreichen Handel wurden viele Kaufleute reich. Dadurch stieg das **Selbstbewusstsein** der Handeltreibenden und sie konnten sich zunehmend in wirtschaftlicher und politischer Hinsicht gegenüber dem herrschenden **Adel** behaupten. Die Hansemitglieder wurden zu einem entscheidenden Machtfaktor und prägten die Entstehung des **Bürgertums**, einer neuen Gesellschaftsschicht.

Diese neue Gesellschaftsschicht der Städte koordinierte ihre Interessen und nahm den örtlichen Machthabern **Privilegien** und Rechte ab. Oder sie kauften sich für große Summen besondere Genehmigungen und Vorrechte direkt beim deutschen **Kaiser**. Dadurch wurden sie „reichsunmittelbar", sie unterstanden rechtlich nun allein dem Kaiser. Ansprüche seitens der Landesfürsten, das Deutsche Reich war damals ja ein **Flickenteppich** unterschiedlicher Fürsten- und Herzogtümer, waren damit hinfällig. Zusätzlich Abgaben und **Steuern** an diese wurden so vermieden.

Aufgabe 2: Individuelle Lösungen

Hansestädte heute – Hamburg

Aufgabe: *Löse das Rätsel über Hamburg. Recherchiere dazu im Internet. Das Lösungswort verrät dir, dass Hamburgs Hafen noch heute als „Deutschlands ..." bezeichnet wird.*

1. Hamburg gehört zu den drei ... Deutschlands und ist somit ein eigenes Bundesland.
2. Durch diesen Fluss ist Hamburg mit dem Meer verbunden.
3. Das Meer, an dem Hamburg liegt, heißt ... .
4. Durch Hamburg fließen nicht nur Flüsse, sondern auch ... .
5. Sie werden zum Teil auch ... genannt.
6. Hamburgs Hafen ist der drittgrößte in Europa nach ... und Antwerpen.
7. Der historische Lagerhauskomplex Hamburgs heißt ... .
8. Ein Betrieb, in dem Schiffe gebaut und repariert werden, nennt man ... .
9. Welche Rundfunkanstalt hat in Hamburg ihren Sitz?

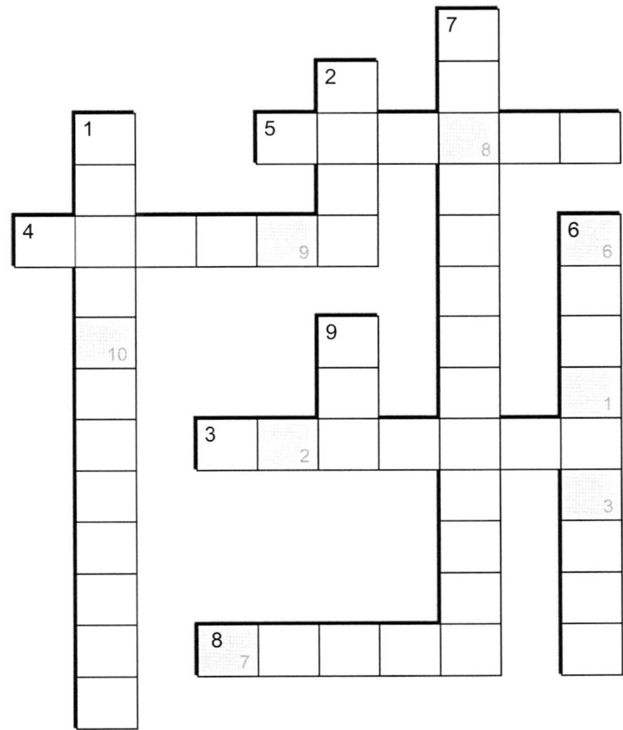

1	2	3

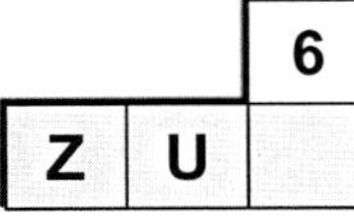

7	8	9	10

Stationenlernen DIE HANSE
Sekundarstufe – Bestell-Nr. 12 959
KOHL VERLAG

Hansestädte heute – Hamburg

Lösungen

Aufgabe:

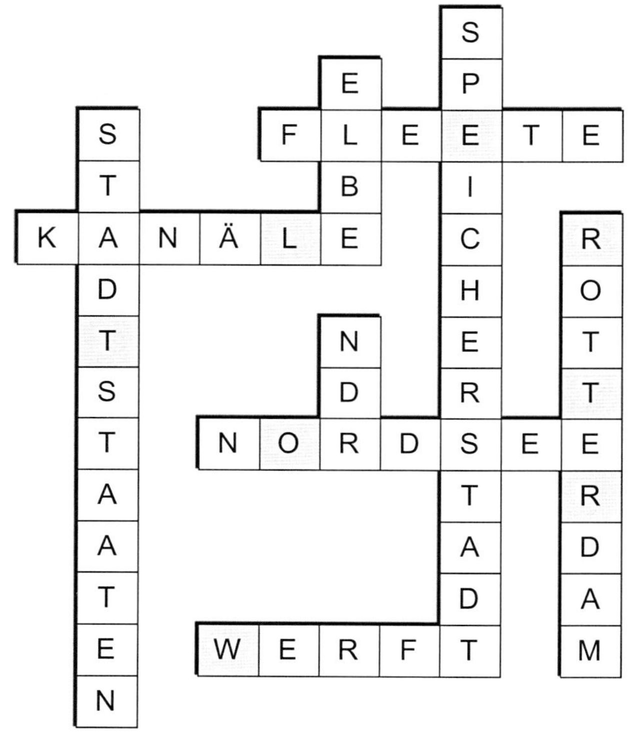

1	2	3			6	7	8	9	10
T	O	R	Z	U	R	W	E	L	T

Hansestädte heute – Lübeck

Aufgabe: *Löse das Rätsel über Lübeck. Recherchiere dazu im Internet. Das Lösungswort verrät dir, dass Lübeck auch „Stadt der …“ genannt wird. ß=SS*

1. Lübeck liegt in dem Bundesland … .
2. Der Fluss, der durch Lübeck fließt, heißt … .
3. Welcher Teil der Stadt liegt auf einer Insel?
4. An welchem Meer liegt Lübeck?
5. Wie heißt das Tor, das als Wahrzeichen Lübecks gilt?
6. Wie heißt die Haupteinkaufsmeile der Stadt?
7. Aus welcher Zeit stammen Teile des Stadtkerns?
8. Für welches Lebensmittel ist Lübeck bekannt?
9. Ein berühmter Roman von Thomas Mann spielt in Lübeck und heißt „Die …“.

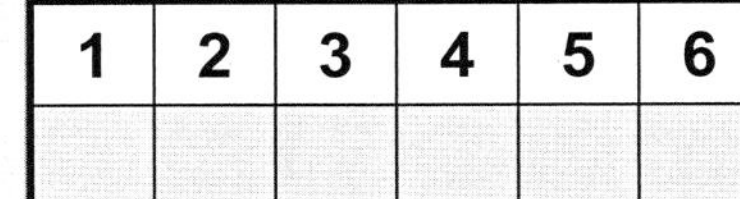

7		9	10	11
	Ü			

Stationenlernen DIE HANSE
Sekundarstufe – Bestell-Nr. 12 959
KOHL VERLAG

Hansestädte heute – Lübeck

Lösungen

Aufgabe:

		B		S										
		U		C										
		D		H										
		D		L		T							M	
		E		E		R							I	
		N		S		A	L	T	S	T	A	D	T	
		B		W		V							T	
	B	R	E	I	T	E	S	T	R	A	S	S	E	
		O		G									L	
		O		-			M	A	R	Z	I	P	A	N
		K		H									L	
		S		O									T	
				L					O	S	T	S	E	E
				S									R	
H	O	L	S	T	E	N	T	O	R					
				E										
				I										
				N										

1	2	3	4	5	6
S	I	E	B	E	N

7		9	10	11
T	Ü	R	M	E

KOHL VERLAG Stationenlernen DIE HANSE Sekundarstufe – Bestell-Nr. 12 959

Plattdeutsch als frühere Handelssprache der Hanse

!

Der Einfluss der Hanse findet sich bis heute auch im Plattdeutschen wieder, denn das war lange Zeit die Handelssprache der Hanse. Will man Handel über Ländergrenzen hinweg betreiben, muss man sich verständigen können, sonst gibt es keinen Warenfluss. Man brauchte also eine Verkehrssprache für alle, egal, ob man sich in Deutschland, England, Norwegen, Schweden, Dänemark oder vielleicht auch Russland befand. Denn das Gebiet der Hanse war groß und überall gab es andere Landessprachen. Bis weit ins 19. Jahrhundert war Plattdeutsch, damals Niederdeutsch genannt, die „Weltsprache" des hansischen Wirtschaftsraumes, vergleichbar mit Englisch in der heutigen Zeit. Platt war auch die allgemeine Umgangssprache in den norddeutschen Hansestädten, z. B. Hamburg, Bremen, Lübeck. Dann wurde es vom Hochdeutschen, das schon seit dem 16. Jahrhundert zunehmend als Schriftsprache Verwendung fand, allmählich verdrängt und verschwand um die Mitte des 20. Jahrhunderts weitgehend aus dem öffentlichen Gebrauch.

Etwa sechs Prozent der Einwohner Hamburgs sprechen heute noch Platt. Darüber hinaus wird Platt von vielen Hamburgern verstanden und in Literatur, Zeitungskolumnen usw. gepflegt. Plattdeutsch gilt auch als die Sprache, in der man etwas „deutlich, verständlich, frei heraus" sagt. Zur Begrüßung allgemein üblich ist zum Beispiel das in Teilen Norddeutschlands verbreitete „Moin“, beziehungsweise „Tschüss“ zur Verabschiedung.

Aufgabe 1: *Was meinst du, warum hat sich ausgerechnet das Plattdeutsche bei der Hanse als Handelssprache durchgesetzt?*

Aufgabe 2: *Versuche einmal die folgenden Sätze aus dem Plattdeutsch ins Hochdeutsch zu übersetzen.*

a) För mehr Platt op´t Land un in de Stadt.

b) Wat is en Hannelsspraak? Eenfach utdrückt is dat en Spraak, de sik ünner Kooplüüd dörchsetten deit.

c) Men tussen eynem Beyeren und Sassen eyn tolmetsch.

Plattdeutsch als frühere Handelssprache der Hanse

Lösungen

Aufgabe 1: Es war die Sprache, die in den führenden Hansestädten gesprochen wurde, so verbreitete sie sich auch in den anderen Handelsgebieten.

Aufgabe 2:

a) Für mehr Platt auf dem Land und in der Stadt.

b) Was ist eine Handelssprache? Einfach ausgedrückt ist das eine Sprache, die sich unter Kaufleuten durchsetzen tut.

c) Man muss einem Bayern und Sachsen eben dolmetschen. (d. h. vom Plattdeutschen etwas in seinen Dialekt übersetzen)

Die Neue Hanse

1980 wurde in der niederländischen Stadt Zwolle die Neue Hanse gegründet – ein aktives Netzwerk zwischen Städten, die der historischen Hanse angehörten bzw. mit diesen Städten im regen Handelsaustausch standen. Es ist die weltweit größte freiwillige Städtegemeinschaft. Ziel des Bündnisses ist es, den Geist der Hanse als Lebens- und Kulturgemeinschaft und das gemeinsame Wertesystem von Weltoffenheit und Toleranz, das die Hanse über Jahrhunderte gelebt hat und die Hansestädte prägte, lebendig zu halten. Weitere wichtige Ziele sind die Förderung des Handels und die Förderung des Tourismus.

Es gibt eine Delegiertenversammlung und ein Präsidium, dessen Präsident, Vormann genannt, traditionsgemäß der jeweils amtierende Bürgermeister von Lübeck ist. Das Hansebüro, zuständig für die Geschäftsführung, befindet sich auch in Lübeck.

Es gibt auch wieder den Hansetag, der einmal im Jahr in einer der Mitgliedsstädte stattfindet. Er soll so etwas wie eine Brücke zwischen der Vergangenheit und der Gegenwart der Städte sein. Mehr als 200 Hansestädte sind auf diesen mit kulturellen und politischen Veranstaltungen vertreten. Das Herzstück eines Hansetages ist der Hansemarkt. Dort präsentieren sich alle teilnehmenden Städte u. a. auch mit ihren kulinarischen Spezialitäten. Das Gesamtprogramm bietet auch Wirtschafts- und Wissenschaftsforen, so gibt es neben Unterhaltung auch Bildung.

Aufgabe 1: *Beantworte die Fragen.*

a) *In welcher Stadt wurde in welchem Jahr die Neue Hanse gegründet?*

b) *Welches sind die Ziele der Neuen Hanse?*

c) *Wer ist der Präsident der Neuen Hanse?*

Aufgabe 2: *Setze die Begriffe an die richtigen Stellen im Text.*

umweltschonend – Kooperation – wiederbeleben – Neuen – länderübergreifend – Frieden – Wissenschaft – Kaufleute

Die Ziele der ________________ Hanse sind vielfältig. Ein wichtiges Ziel ist, im Bereich der ________________ zukunftsweisende Forschungsprojekte aufzubauen. Dabei geht es um eine enge ________________ z. B. der Hochschulen und Universitäten in den Hansestädten. Neue Netzwerke sollen sich so bilden, die in zeitgemäßer Form die Hanse ________________. Die Neue Hanse bietet auch Unternehmen, Künstlern, Autoren, Technikern, Filmemachern, Reportern ein Tätigkeitsfeld, um ________________ tätig zu werden, so wie es früher für die ________________ der Hanse ja der Fall war. Es haben sich ebenfalls Arbeitskreise im Bereich Medien und Kunst gebildet. Menschen mit unterschiedlichen Kulturen, Traditionen, Religionen und politischer Ausrichtung sollen in den Hansestädten in Freiheit, ________________ und gegenseitigem Respekt leben können. Die Neue Hanse hat auch zum Ziel, Energie, Waren und Dienstleistungen ________________ zu erzeugen und der Bevölkerung zu verkaufen.

Aufgabe 3: *Weißt du, zu welchen Städten diese Kfz-Kennzeichen gehören könnten?*

D HRO CB 234

Stationenlernen DIE HANSE
Sekundarstufe – Bestell-Nr. 12 959
KOHL VERLAG

Die Neue Hanse

Lösungen

Aufgabe 1:

a) In der niederländischen Stadt Zwolle im Jahre 1980.

b) Das vorrangige Ziel ist, die Hanse als Lebens- und Kulturgemeinschaft mit ihrem Wertesystem von Weltoffenheit und Toleranz zu erhalten. Die Förderung des Handels und die Förderung des Tourismus sind weitere Ziele.

c) Der jeweils amtierende Bürgermeister von Lübeck. Er wird Vormann genannt.

Aufgabe 2:

Die Ziele der **Neuen** Hanse sind vielfältig. Ein wichtiges Ziel ist, im Bereich der **Wissenschaft** zukunftsweisende Forschungsprojekte aufzubauen. Dabei geht es um eine enge **Kooperation** z. B. der Hochschulen und Universitäten in den Hansestädten. Neue Netzwerke sollen sich so bilden, die in zeitgemäßer Form die Hanse **wiederbeleben**. Die Neue Hanse bietet auch Unternehmen, Künstlern, Autoren, Technikern, Filmemachern, Reportern ein Tätigkeitsfeld, um **länderübergreifend** tätig zu werden, so wie es früher für die **Kaufleute** der Hanse ja der Fall war. Es haben sich ebenfalls Arbeitskreise im Bereich Medien und Kunst gebildet. Menschen mit unterschiedlichen Kulturen, Traditionen, Religionen und politischer Ausrichtung sollen in den Hansestädten in Freiheit und **Frieden** und gegenseitigem Respekt leben können. Die Neue Hanse hat auch zum Ziel, Energie, Waren und Dienstleistungen **umweltschonend** zu erzeugen und der Bevölkerung zu verkaufen.

Aufgabe 3:

Hansestadt Bremen

Hansestadt Hamburg

Hansestadt Lübeck

Hansestadt Rostock

KOHL VERLAG Stationenlernen DIE HANSE Sekundarstufe – Bestell-Nr. 12 959